주님과 함께 걷는 따뜻한 사랑의 이야기들

일상의 삶에서 주님을 의식하기

정원 지음

영성의 숲

서문

이 글은 나의 홈페이지에 "일상의 묵상"이라는 제목으로 연재하던 것입니다.

날마다 일상에서 일어나는 사소한 일들, 그리고 추억 속의 이야기를 생각하면서 주님의 시각과 관점으로 보려고 정리하여 보았습니다.

주님의 은혜는 엄청나게 큰 사건들을 통하여 만이 임하시는 것은 아닌 것 같습니다.

또한 어떤 깨달음이나 통찰력도 깊은 체험을 통한 것보다는 일상의 사소한 일들을 통하여 이루어지는 것이 많은 것 같습니다.

그러나 이러한 사소한 일들을 통하여 우리의 통찰력이 조금씩 증가해 갈 때 우리는 주님의 은혜에 대해서 그분의 함께 하심에 대해서 좀 더 알아가게 될 것입니다.

우리가 알고 느끼기 전에도 항상 우리 옆에 계셔서 우리를 도우시고 우리의 힘이 되시는 주님... 우리가 그 사실에 대하여 좀 더 인식하게 될 때 우리는 우리의 삶에 항상 있을 수 있는 긴장과 근심에서 좀 더 자유로와 질 수 있게 될 것입니다.

이 글이 독자 여러분이 사소한 일상의 삶에서 주님과 동행하며 그분의 은혜를 누리는 데에 작은 도움이 될 수 있기를 기대합니다.

2002. 6. 정원 드림.

목 차

서문

1. 아기를 안고 있는 엄마 9
2. 일산에서 10
3. 행복한 가정의 기초 13
4. 쟈기 부인의 행복 14
5. 가까이 갈수록 16
6. 천사들의 노래 소리 17
7. 언제나 새로운 것 18
8. 의의 태양 19
9. 선택의 기로에서 20
10. 영을 사용하여 축복함 22
11. 평온한 기쁨 25
12. 추억과 영적 성장 27
13. 인생 최고의 기쁨 29
14. 자연 속의 주님 31
15. 낙선 피자, 주님의 사랑 33
16. 가장 아름다운 음식 36
17. 주님의 영광을 위한 비전 39
18. 데이트, 즐거운 누림 45
19. 기다림 그리움 사랑 47

20. 노숙자 주님 49
21. 은혜, 용서, 황금십자가 53
22. 아기의 은혜 56
23. 아름다운 연기 60
24. 해석의 은사 62
25. 기도는 행복의 근원입니다 66
26. 주님의 임재를 전달하는 사역 71
27. 아픔을 먹고 자라는 사랑의 길 77
28. 마지막 예배를 마치고 81
29. 주님의 눈물 87
30. 우리의 영원한 소망 89
31. 어머니.. 92
32. 애정의 용량증가 97
33. 행복은 어디에서 오는가? 104
34. 나무꾼과 선녀 이야기 107
35. 모든 묶임을 풀어주시는 주님 111
36. 햄버거보다 맛있는 예배 115
37. 어느 봄날 밤의 리사이틀 123
38. 계란말이와 주님 132
39. 아름다운 여행을 위하여 138
40. 자연과 하나님의 임재 149

41. 유머와 행복 155
42. 이름을 부르며 불리워지는 행복에 대하여 158
43. 몸의 의식을 벗어야 합니다. 161
44. 주님과의 교제는 천국입니다. 164
45. 부족함을 통한 은혜 168
46. 지난 밤의 꿈 172
47. 유일하게 나를 괴롭히는 사람 176
48. 아내의 눈물 182
49. 눈물에 무너지는 주님의 마음 190
50. 사소한 것을 주께 드림 193
51. 인생은 파티 196
52. 여백을 사랑하십시오. 201
53. 축복을 받는 기쁨 208
54. 세상을 사로잡는 영권을 위하여 212
55. 아직도 머나먼 길 220
56. 아내를 사랑하는 방법에 대하여 223
57. 일체 영화 같으신 주님 233
58. 한 여름 밤의 고백 237
59. 사람을 높이는 위험에 대하여 241
60. 무소유를 향하여 247
61. 주님을 추구하는 삶에 대하여 263

1. 아기를 안고 있는 엄마

지하철을 타려고 기다리고 있었습니다.
어떤 젊은 엄마가 어린 아기를 꼭 안고 있었습니다.
이상하게 그 모습을 보면서 눈물이 핑 돌았습니다.
엄마가 어린 아기를 안고 있는 모습...
마치 주님이 나를 안고 계시는 것처럼 느껴졌기 때문입니다.

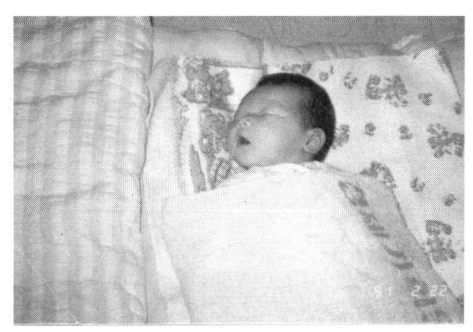

어린 아기는 너무 작고 무기력하고 아무 생각이 없지요.
그러나 그 아기도 주님의 은혜와 사랑으로 생명이 유지됩니다.
우리 아가 예원이의 태어난 지 얼마 안 되었을 때 모습이지요.

2. 일산에서

어제 일산에 심방을 갔었습니다.
그 가정에서 예배를 마치고 교제를 하고 있는데 자매님이 옆집에 있는 환자 분을 심방해주기를 원했습니다.
내가 승락하자 그녀는 옆집에 가서 환자 자매님께 목사님을 모시고 가겠다고 알리러 갔는데 그녀는 몹시 부담스러워하는 것 같았습니다.

나는 그녀와 함께 옆집의 자매님을 만나러 갔습니다.
그 자매님은 여러 사고로 다리를 못쓰고 있었고 시력도 잃어가고 있었습니다. 나이는 40대 후반이었지만 고통으로 일그러진 얼굴이 더 나이가 들어 보이는 모습이었습니다.
처음에 부담스러워하던 그녀는 나의 장난과 농담으로 곧 마음을 열었습니다. 장난꾸러기 목사는 처음 본 모양입니다.
그녀는 많은 고통을 가지고 있었지만 병원의 치료는 거의 효과가 없었습니다. 그도 그럴 것이 그녀의 병의 근원은 영적인 데에 있었기 때문입니다.

치유와 회복에 있어서 병의 원인을 바르게 이해하는 것은 매우 중요합니다. 이것이 자연적인 문제인지, 정신적인 문제인지, 영적인 문제인지 분별하는 것이 중요합니다.
물론 대부분 그 원인은 복합적이지만 대체로 주도적인 어느 요인이 있는 것입니다.

자연적인 문제는 자연적인 치유가 필요하며 영적인 것은 영적인 방법으로 풀어야 합니다. 나는 치유의 전문가는 아니지만 일반적으로 치유에는 영적, 정신적, 자연적인 지식과 경험이 필요하며 균형과 조화가 필요한 것입니다.

그녀를 보았을 때 나는 그녀에게 주님의 권능적인 기름부음이 많이 있는 것을 느꼈습니다. 그녀는 예전에 신앙생활을 열심히 했었고 은혜 체험도 강했습니다. 그러다 여러 가지의 상처로 인하여 신앙생활을 그만둔 것 같았습니다.
은사의 경험자들이 잘 이해하지 못하는 것은 그들이 은혜의 삶을 살다가 중단하게 되면 악한 영들의 무자비한 공격을 받는다는 것입니다.
은혜가 있을 때 악한 영들은 가까이 오지 못하지만 은혜가 소멸되면 그들은 잔인하게 복수를 합니다.
그런 면에서 사람들은 별 생각없이 은혜를 구하고 그것을 가벼이 여기지만 그러나 주님의 은혜를 경험할수록 거기에는 책임이 따르는 것입니다.

그녀가 주님께 죄송하다고 고백하고 다시 헌신을 약속하면 그녀는 회복될 것 같았습니다.
나는 그녀를 여러 말로 위로하고 그녀의 손을 잡고 기도했습니다.
그녀의 잘생긴 아들도 옆에 있어서 나는 그 둘을 다 포용했습니다.
그녀의 외모는 찌들고 거칠은 모습이었으나 내 눈에는 그녀가 너무나 아름답게 보였습니다. 아니, 그것은 내 눈이 아니겠지요... 그녀를 지으신 분이 나를 통해서 그녀를 너무나 아름답게, 사랑하시는 것 같이 느껴졌습니다.
기도가 끝나자 그녀는 내 손을 잡고 이렇게 말했습니다.
"목사님... 부드럽고 따뜻한 목소리가 제 가슴에 오래 남아있을 것 같아요..."
나는 너무 기뻤습니다.
그녀는 너무 사랑스러웠습니다.

그녀와 아들, 사랑스러운 두 사람을 다시 한번 안아주고 떠나면서 그런 생각을 했습니다.
우리는 너무 악하고 바보같은 죄인들인데 주님은 우리를 이렇게 사랑하신다! 우리를 바라보시는 주님의 눈은 얼마나 아름다우신가! 그분의 긍휼은 얼마나 놀라운가!
끝없이 우리를 용서하시고 사랑하시는 주님의 은혜로 인하여 돌아오는 발걸음은 아주 가벼웠습니다.
주님의 사랑을 전달하는 도구가 된다는 것 - 그것은 얼마나 행복한지요! 정말 즐겁고 행복한 하루였습니다.

3. 행복한 가정의 기초

어느 날 나는 아내에게 진지하게 말했습니다.
"여보 나는 당신을 사랑하고 당신을 위해서라면 무엇이든지 할 수 있지만 그러나 내가 주님을 사랑하는 것과는 전혀 비교할 수가 없어..."
그러자 아내는 대답했습니다.
"그건 나도 마찬가지니까 너무 잘난 척하지 말아요.."
우리는 서로 잘났다고 하면서 웃었습니다.
주님께 대한 사랑의 고백, 그것은 가정의 행복을 위한 가장 아름다운 기초인 것입니다.

사랑은 행복입니다. 주님께 대한 헌신에 기초한다면 더욱 그렇지요
아내와 같이 서울 충무로의 한옥 마을에서 찰각...

4. 자기 부인의 행복

용인에 사는 독자님과 어제 밤늦게까지 전화 통화를 하였습니다.
주님을 열심히 추구하시는 분입니다.
어떤 교회에서 훈련하는 영성 훈련과정도 3년을 이수하였다고 합니다.
영성과 신앙에 대한 많은 질문들을 폭포수처럼 쏟아 붓고 대답을 들으며 몹시 즐거워하였습니다.
그녀는 최근의 아픈 실패담을 이야기하였습니다.
평소에 언니가 받는 영성훈련에 대하여 냉소적이던 그녀의 동생이 하루는 그녀에게 아주 공격적이고 예리한 비난을 퍼부었는데 그녀는 그만 너무 서운해서 자신이 이럴 수가 있을까 싶을 정도로 폭발을 해버렸던 것입니다.
당연히 동생은 "그러면 그렇지 언니가 영성은 무슨…" 하고 비아냥거렸고 그녀는 깊은 죄책감과 침체에 빠졌습니다.

인신공격을 받을 때 그것이 놀라운 축복의 기회이며 영적인 승진 시험인 것을 이해하는 분은 별로 많지 않은 것 같습니다.
그 때 자신을 변호하지 않고 조용히 자신의 연약함을 시인하며 고백할 때 흑암의 권세가 묶이며 자신의 삶에 형성된 각종 저주와 묶임들이 소멸되는 것을 이해하는 분은 별로 없는 것 같습니다.

나는 그녀가 축복의 기회를 놓친 것을 아쉬워했습니다.

그러나 아직 동생과의 관계가 회복되지 않은 상태이므로 다시 굴욕을 당할 기회가 있음을 상기시켰습니다.
내가 수치를 겪고 낮아짐으로 상대방 속에 있는 악한 영의 세력을 결박하고 그 영혼까지 자유함으로 이끌 수 있음을 그리스도인들이 잘 알고 있다면 얼마나 좋을까요...!

인생은 훈련입니다.
주님의 의도를 잘 분별하고
하나씩 훈련과정을 이수하고
학점을 딸 수 있을 때
우리는 좀 더 주님을 잘 알아갈 수 있을 것입니다.

5. 가까이 갈수록

압바~ 아야! 잉... 따가와...
이것은 나의 딸이 나에게 뽀뽀를 하러 왔다가 수염에 찔려서 비명을 지르는 모습입니다.
갑자기 그런 의문이 들었습니다.
왜 나에게 가까이 오면 찔릴까?
이런 생각이 떠올랐습니다.

사람은 아무리 그럴 듯해 보여도
막상 가까이 가면 상처가 될만한, 찔릴 만한 요소가 많이 있다.
그러나 우리 주님은 아무리 가까이 가도 찔리지 않는다.
오히려 가까이 갈수록 그분의 은혜와 사랑은 깊고 달콤하기만 하다.
생각하면서 나는 주님의 임재가 더욱 그리워졌습니다.

6. 천사들의 노래 소리

방학이라 초등학교 5학년에 올라가는 딸 예원이의 친구 3명이 놀러왔습니다.
이 아가씨들에게 컴퓨터를 양보하고 나는 거실로 쫓겨났습니다.
아내는 아이들에게 주려고 가게에 가서 과자를 몇 봉지 사왔습니다.
과자를 사 가지고 와서 아내가 쿡쿡 웃었습니다.
내가 왜 웃느냐고 묻자 아내가 대답했습니다.
"가게 집 아주머니가 그러세요... 꼬마 손님이 많이 왔군요...라고요.."

나는 속으로 생각했습니다.
'꼬마 손님이라고요? 아니죠...꼬마 천사들이에요. 아니, 꼬마 예수님이시죠.. 우리에게 천국을 주시기 위해서 오신 분들이죠..'
방안에서는 끊임없이 웃음소리가 들려왔습니다.
나는 너무나 행복하게 그 천국의 음악소리를 듣고 있었습니다.
며칠동안 잠을 제대로 못 자서 피곤했는데 그들의 사랑스러운 목소리들이 나에게 휴식과 회복을 주고 있었습니다.

7. 언제나 새로운 것

나는 날마다 아이들을 안아줍니다.
그러나 아무리 안아도 지겹지 않고
안으면 안을수록 행복해집니다.
아침에 하품을 하면서 비몽사몽 중에 일어나서 헤매는 아이들을 안아주지 않고 견디라는 것은 정말 끔찍한 고문이지요..
아이들은 깨자마자 아빠에게로 와서 안깁니다.
아이들도 행복하고 나도 행복합니다.
아이들을 안아주면서 주님을 생각합니다.

주님도 이러시겠지...
내가 이 아이들을 안으며 이렇게 기쁘고 벅차고 감격이 되는 것처럼...
우리가 주님께 나아갈 때마다
우리 같은 바보들을 안아주시면서
참 행복하시고 즐거우실 거야...
아이를 안으면서 나는 결심합니다.
오늘도 주님의 품에 안겨서 살아야지...
재미있고, 행복하게...
그것이 내 기쁨이고 주님의 기쁨이니까...
나는 즐거운 마음으로 아이를 축복하고 주님께로 갑니다.
오늘도 행복한 하루가 될 것입니다.

8. 의의 태양

길을 걷다가
미끄러워 넘어질 뻔 했습니다.
다른 곳에는 얼음이 없는 데
그 곳만 얼어 있습니다.
날이 풀린 지 오래되었는데도
그 곳은 얼음이 전혀 녹을 생각을 하지 않고 있습니다.
이상해서 자세히 살펴보았습니다.
그 곳은 음지였습니다.
거기에는 햇볕이 들지 않았습니다.

우리의 삶에, 우리의 생각에
의의 태양이신 주님의 볕이 들지 않는다면
우리의 마음도 삶도 얼어붙어 있겠지요
모든 곳이 녹을 정도로 햇볕이 많아도
우리가 그 빛을 바라보지 않는다면
우리는 차갑게, 얼어붙어 살 수 밖에 없을 것입니다.

9. 선택의 기로에서

그저께, 며칠 잠을 얼마 못 자고 무리를 했더니 몸이 몹시 아팠습니다.
그런데 아이들과 밖에 나가서 놀기로 했는데 어찌 해야할 지 걱정이 되었습니다.
꼼짝 안 하고 누워 있다가 몸이 좀 나으면 밀린 글을 쓸까, 아니면 힘들어도 그냥 나갈까...

누워서 고민을 하고 있는데 그런 생각이 떠올랐습니다.
나는 내 몸이 중요한가? 아니면 아이들과의 약속이 중요한가?
나는 나를 더 사랑하는가? 아내와 애들을 더 사랑하는가?
그 대답은 너무 자명했기에 어지럽고 힘들었지만 일어나 옷을 갈아입었습니다. 애들은 너무나 좋아하고...
간신히 버티다가 돌아오는 길에 아빠가 몹시 힘들게 보였는지 이번에 중학교에 입학하는 아들 주원이가 나를 불렀습니다.
"아빠..."
나는 대답했지요...
"왜?"
그는 주저하면서 말했습니다.
"저도 나중에 아빠처럼 좋은 아빠가 될 거예요..."
나는 눈시울이 뜨거워졌습니다.
그래서 물었지요.

"주원아. 너는 내가 좋은 아빠라고 생각하니?"
"그럼요. 얼마나 좋은 아빠인데요.."
눈물이 핑 돌았지만 참았습니다.
이 놈이 좀 더 자라면 아빠가 참 한심하고 바보 같은 아빠인 것을 알게 되겠지요.. 아무 것도 제대로 해준 것이 없는... 하지만 지금은 그렇게 믿고 있으니 감사하고 고마웠습니다.
몸은 아팠지만 참 행복한 하루였습니다.

아이들은 엄마 아빠와 같이 지내는 것을 몹시 행복해합니다.
　가족이란 그래서 참 행복한 것이지요
　모처럼 독립문 공원으로 온가족이 행복한 나들이...

10. 영을 사용하여 축복함

무리하다가 몸살이 난 것 같았습니다.
몸이 안 좋은 상태에서 밤을 꼬박 새고 그 다음날도 억지로 돌아다니면서 버텼더니 온몸이 열이 나고 쑤십니다.
눈도 뜨기 어렵고... 그래서 오늘 아들 중학교 입학식에 가고 싶었는데 가지 못하고 집에서 떼굴떼굴 구릅니다.
아들을 축복하고 싶은데.. 고민하다가 좋은 방법이 생각이 납니다.
그것은 몸은 가지 못하지만 영을 띠워서 영으로 가서 그를 축복해주는 것입니다.

영을 띠운다... 무슨 도사의 기법인줄 알지만 간단한 것입니다. 상상을 통하여 그 곳으로 이동하여 상상 속에서 기도하고 축복을 해주는 것이지요...

어떤 분들은 느낌이 예민합니다.
그래서 상대의 느낌, 생각, 동기 등을 재빠르게 인지합니다. 그러나 이런 분들은 영이 약하므로 남의 영향을 받기만 할 뿐 남의 영 안에 들어가서 그에게 변화를 끼치고 영적인 영향력을 주지는 못합니다.
또 영이 강해서 남에게 영향을 끼칠 수 있는 분들은 영의 감각이 섬세하지 못해서 남의 마음을 잘 감지하지 못합니다.

상상 속에서 남을 축복하는 것이 하나의 공상에 그칠 것 같지요? 그러나 그렇지 않습니다. 그것은 바로 중보기도의 중요한 원리이며 상대에게 놀라운 영향력을 행사합니다.

나의 경험을 하나 이야기해볼까요
오래 전 어떤 자매가 몹시 오해를 하고 실족했습니다.
그녀에게 전화를 해도 별 효과가 없을 것 같았습니다.
직접적인 대화는 오해나 여러 가지 문제들이 많이 발생합니다.
나는 상상 속에서 그녀에게 가까이 가서 기도하고 축복해 주었습니다.
그러나 그녀는 계속 그것을 거부했습니다.
30분쯤 노력을 했더니 그녀는 결국 마음을 열고 기도와 축복을 받아들이고 울었습니다.
상상 속의 기도이긴 하지만 엄청나게 힘이 들어서 나는 기도를 마친 후 탈진하고 뻗었는데 그 순간 그녀에게서 전화가 왔습니다.
그녀는 울면서 말하기를 자기가 오해한 것이 있다고 하는 것이었습니다.

이것은 과연 우연일까요?
독자 여러분들도 한 번 시도해보십시오
불편한 관계의 사람을 기도 속에서 상상 속에서 축복하고 기도해주십시오
아마 우연 같은 신기한 일들을 많이 겪게 될 것이니까요…
몸이 할 수 있는 일은 한계가 있지만 영이 할 수 있는 일은 한계가 없으며 몸이 가지고 있는 제한을 벗어날 수 있는 것입니다.
기도할 수 있고 사랑할 수 있고 축복할 수 있다는 것은 우리를 얼마나

행복하게 하는지요!
주님께 모든 감사와 영광을 올려드립니다...
할렐루야.

11. 평온한 기쁨

집에서 밥을 먹을 때 나는 별로 반찬이 필요 없으며 항상 맛있고 즐겁게 먹습니다.
그런데 최근에 여기 저기서 대접을 받고 맛있는 것을 많이 먹으니 어제는 밥이 별로 맛이 없게 느껴졌습니다.
말은 하지 않았지만 아내에게 속으로 미안해졌습니다.
그리고 앞으로 대접을 받게 되면 라면이나 자장면으로 통일을 해야겠다는 생각이 들었습니다.

주님의 체험도 이와 비슷하지 않은 가 싶습니다.
어떤 이들은 자극적인 체험을 좋아합니다.
그들은 꿀 같은 감미로움이 올 때는 주님을 위해서 죽을 준비도 되어 있는 것 같습니다.
그러나 그러한 감동과 자극이 사라지면 그들은 움직이려고 조차 하지 않습니다.
그러나 지나친 자극은 영혼을 피곤하게 합니다.
마치 조미료를 많이 친 음식을 그때는 맛있게 먹지만 나중에는 질려 버려서 소박한 음식을 찾게 되는 것과 같습니다.

은사의 경험과 영혼의 경험의 차이를 보면 은사적인 경험은 불과 같으며 감미롭고 자극적입니다.

그러나 영혼의 경험은 순수하고 부드러우며 평화로움에 가깝습니다.
은사의 경험은 집회와 같이 구체적인 상황이나 장소에서 경험하지만 영혼의 경험은 일상에서 다양하게 경험할 수 있습니다.

우리는 자극적인 경험도 필요하지만 일상의 모든 순간의 평온한 아름다움, 기쁨을 더 많이 누려가야 합니다. 그래야 우리는 변화된 삶을 살아갈 수 있습니다.
안식하고 편안해 질수록 우리는 작은 것들에서 기쁨과 만족, 깨달음을 얻을 수 있으며 우리는 삶과 진리에 대한 통찰력에서, 사랑과 기쁨에서 좀 더 발전해 갈 수 있는 것입니다.

12. 추억과 영적 성장

아이들을 키우며 지난 시절의 추억이 담겨있는 앨범을 같이 보는 일은 참으로 즐거운 일입니다.
주원이는 모든 면에서 리듬이 늦었는데 딸인 예원이는 반대로 모든 것이 빨랐습니다. 주원이는 말도 4살이 되어서야 조금씩 하게 되었고, 예원이는 2살때부터 못하는 말이 없었습니다. (아, 주원이가 빠른 것이 있군요. 얘는 엄마, 아빠도 제대로 못하던 2돌이 되었을 때부터 노래를 정확하게 불렀습니다. 발음은 부정확하지만 음정, 박자는 아주 정확하게 어려운 복음송, 경배곡을 손으로 드럼을 치듯 바닥을 두드리면서 열창을 했습니다. 샾 플랫도 되지 않고 음이 정확해서 많이 놀랐지요...)

아이들은 앨범을 보면서 많은 질문을 합니다.
아이들은 엄마, 아빠의 신혼 여행 사진을 보면 자기는 어디 있느냐고 꼭 묻습니다. 엄마, 아빠만 있는 것이 못내 서운한 모양입니다.
우리는 앨범을 좀 넘기다가 알려주었습니다.
"예원아, 여기 엄마 배를 봐... 배가 불룩하지? 그게 바로 너야...엄마 뱃속에 있는 거란다..."
그러자 3살쯤 되었던 예원이는 울었습니다.
"잉... 엄마는 왜 나를 잡아먹었어..."
우리는 웃고 그녀는 계속 울었습니다.

어릴 때는 많은 것들을 이해하지 못합니다.
웃기는 것으로 울고 어처구니없는 것으로 상처를 받습니다. 별것 아닌 것을 아주 기뻐하고 대단한 것으로 생각합니다.
우리가 좀 더 자라면 우리는 좀 더 이해가 발전할 것입니다.
지금보다 우리의 영이 좀 더 성장해서 주님의 의도를 좀 더 알게 된다면 우리는 우리가 지금 가지고 있는 염려나 문제 거리가 주님의 은총의 방법이며 지금이 바로 은혜의 순간임을 알게 될 것입니다.

추억은 항상 우리를 즐겁게 합니다.
우리가 조금 성장한 후에
우리는 과거의 어리석음을 이해하게 됩니다.
그리고 그럼에도 불구하고
우리를 안아주시며 이끄시는 주님의 사랑에 대해서
조금씩 더 알아가게 되는 것입니다.

13. 인생 최고의 기쁨

예원이가 기도 제목이 있는지 심각하게 기도를 합니다.
이 아이의 기도하는 모습은 항상 심각하지요...
연신 하아! 하는 한숨과 신음 소리를 내면서 주를 부릅니다.
그리고는 빛이 보이지 않고 주님이 보이지 않는다고 깽깽거립니다.
그러다가 환성을 지릅니다.
"와! 빛이 보인다... 황금색 빛이 보여... 와! 주님이 오셨네... 천사들도 많이 따라왔네... 아유. 신나라..."

얼마전 이 아이가 쓴 큐티 노트를 읽었습니다.
예원이는 주님께 물었다고 합니다.
"주님. 제가 어떻게 하면 주님을 기쁘게 할 수 있을까요? 제가 무엇을 하기를 원하세요?"
주님은 그녀에게 말씀하셨습니다.
"예원아. 나는 너에게 아무 것도 요구하지 않는다. 다만 나를 사랑하거라. 나는 그것을 원한다."
나는 그녀의 노트를 읽다가 울었습니다.
그리고는 생각했습니다.
음... 주님은 나에게 말씀하는 것과 딸에게 말씀하시는 것이 똑같네... 라고요...

주님을 사랑하는 것은 삶의 최고의 복입니다.
행복입니다.
기쁨입니다.
그리고 이 기쁨은 영원히 사라지지 않습니다.
세상에는 근심과 고통, 절망으로 가득하지만
오늘도 주님의 사람들은 기쁨으로 찬란한 행복으로
이 영광의 길을 걸어가는 것입니다.

어린이도 자기만의 세계를 가지고 있지요. 비둘기를 보고 즐거워하는
예원이의 모습을 살짝 찍었습니다. 이 아이가 주님께 소유된 아이가
되기를 기도하는 마음으로...

14. 자연 속의 주님

어떤 분이 일상의 묵상 1번을 읽고 질문을 하였습니다.
어떤 아줌마가 아기를 업고 있는 것을 보면서 우리는 흔히 그냥 지나가는 데 어떻게 그것이 주님이 우리를 안고 계신 것으로 보이고 느껴지십니까? 라고요...

나는 그에게 시편 42편을 이야기해 주었습니다.
목마른 사슴이 물을 마시기 위하여 시냇물로 달려가는 것을 보고 시편 기자는 주님께 대한 목마름, 갈증을 생각해 내었습니다.
사슴은 그저 아무 생각 없이 본능적으로 물을 향하여 달려갔을 뿐입니다. 그러나 그의 눈에는 그것도 주님을 향한 갈망으로 느껴지고 보여졌습니다.
그는 요단 땅과 헤르몬과 미살산의 주님을 기억하였습니다.
그는 또한 주의 폭포 소리와 깊은 바다, 주의 파도와 물결에 대하여 이야기하였습니다.

많은 사람들이 사슴이 달리는 것을 보았습니다.
많은 사람들이 폭포 소리와 바다의 물결과 파도를 보았습니다.
그러나 그들은 그저 바다와 물결을 보았을 뿐입니다.
그러나 시편의 기자는 그 파도 소리와 폭포 소리를 통하여 주님을 느꼈고 주의 임재를 생각하였습니다.

우리가 주님을 사랑하고 그분을 맛보게 되면
우리는 모든 것에서 주님을 느낍니다.
모든 것에서 주님을 봅니다.
모든 사람 속에서 주님을 느끼며
모든 상황 속에서 주님의 마음을 봅니다.
자연물에서 주의 사랑과 영광을 보며
시련과 슬픔 속에서도 주님의 임재를 생각합니다.
그러므로 우리는 환난 속에서 기뻐하며
슬픔 많은 이 세상 속에서도
더욱 더 강한 그리움과 사랑으로
주님을 향하여 나아가는 것입니다.

15. 낙선, 피자, 주님의 사랑...

예원이가 왜 그리 난리를 치며 기도하는가 했더니 반에서 회장 선거가 있었던 모양입니다.
우리 어릴 적에는 반장이라고 했는데 요즘에는 회장이라고 한다고 합니다.
그게 왜 하고 싶은지는 모르지만 자기는 하고 싶은 모양입니다.
애가 내성적이라 회장 선거에 나가본 적도 없고 그런데는 관심도 없는 줄 알았는데 작년 4학년 때 어쩌다가 부회장을 해보더니 재미가 있었나 봅니다.
올해는 꼭 회장도 하고 전교 어린이 회장 선거에도 나가보겠다고 벼르고 있었던 모양입니다.
그러나 그녀의 소망은 이루어지지 않았지요... 회장 선거에는 몇 표 차이로 떨어지고 부회장에는 몰표로 된 것 같았습니다.
부회장이 된 것도 잘한 것 같은데 본인은 몹시 속이 상한 것 같았습니다.
이럴 줄 알았으면 부회장선거에 괜히 나갔다고 후회가 막심한 것 같습니다. 한번 부회장이 되면 2학기에는 선거에 나갈 수가 없으니 회장을 해볼 수 없는 것입니다.

풀이 죽은 아이를 아내와 나는 열심히 달랬습니다.
괜찮다고, 잘했다고...

위로하기 위해서 우리는 집에서 피자를 시켰습니다.
우리가 볼 때는 별 것 아닌데 본인에게는 그것도 상처일 수도 있겠지요...

아직 예원이는 주님을 잘 알지 못하지요...
물론 그녀도 주님의 음성을 듣고 주님의 은혜의 기쁨을 맛보고 그것이 세상의 그 어떤 것보다 더 아름답고 귀한 것임을 압니다.
그러나 주님이 그녀를 다루시고 그녀의 소원을 다루시며 그녀의 중심 속에 그분께 대한 더 깊은 갈망을 허락하시는 것을 아직은 잘 모르겠지요...
그러한 사소한 좌절뿐만 아니라 인생의 과정 속에서 주님을 알아가기 위해서는 많은 시련을, 좌절을, 포기를 경험해야 하는 것을 앞으로 경험해 가겠지요...

그녀는 이제 은혜의 길을 시작했을 뿐입니다.
그러나 세월이 흐르고 그녀는 더 깊은 주님의 다루심을, 더 깊은 주님의 마음을 알게 될 것입니다.
그리고 소망의 좌절을 통해서 주님이 더 깊이 역사하신다는 것도 배우게 될 것입니다.
그리고 그렇게 주님을 알아 가는 것이 인생의 그 어떤 것보다 귀중하고 놀라운 것임을 체험을 통해서 더 알아가겠지요...
피자의 맛보다, 이 아이를 다루시고 인도하실 주님께 대한 기대 때문에 참 즐거운 저녁시간이었습니다.

* 덧붙임...

예원이가 이 글을 읽더니 "잉... 내가 왜 주님을 잘 몰라... 나는 잘 알아.." 라고 하는 군요...

그래서 "그래, 그래.. 잘 알겠지..." 하고 대답했지요...

정말 이 아이가 주님의 사랑을 더 깊이 알아가기를 바라는 마음이 간절합니다.

아빠가 그녀를 사랑하는 것보다 주님이 그녀를 백만 배도 더 사랑하신다는 것을... 더 깊이 알아갈 수만 있다면...

그것은 진정한 기쁨이겠지요...

16. 가장 아름다운 음식

사람들을 거의 만나지 않았던 내가 최근에는 독자들과의 대화나 만남이 많아졌습니다.
그러다 보니 자꾸 대접을 받게 됩니다.
사람들은 나를 자꾸 비싸고 맛있는 음식을 먹이려고 합니다.
그러나 그것이 나에게 고통이 되는 것을 잘 모르겠지요...

나는 좋은 것을 먹고 즐기는 그러한 풍성한 가치관을 가지고 있는 분들을 사랑하고 존경합니다.
그리고 그리스도 안에서의 풍성함과 누림에 대한 가르침을 좋아합니다.
하지만 그것이 내게는 적용되기가 어렵습니다.
좋은 것을 먹고 편하게 살다보면 그렇지 못한 사람들의 생각이 자꾸 떠오르고 주님의 고독이 자꾸 생각이 납니다.

주님은 이 땅에서 변변히 대접을 받은 적이 없었습니다.
주님은 이 땅에서 머리 두실 곳이 없었습니다.
나는 그리스도인들이 풍성한 삶을 누리는 것이 좋다는 생각을 하지만 주의 사역자들은 어느 정도 주님의 아픔에 동참하는 것이 좋지 않을까 생각합니다.
사실 맛있는 음식을 먹어 봤자 화장실 한번 더 갈 뿐이고 좋은 옷이 있어봤자 빨래 거리만 하나 더 생기겠지요...

나는 사람들이 흔히 입맛이 없다고 이야기하는 것은 사치스러운 이야기가 아닌가 생각합니다.

그것은 몸이 회복을 위하여 음식을 거절하는 것이고 그럴 때는 몸의 반응을 자연스럽게 받아들여 금식을 하면 입맛이 돌아옵니다.

한끼 금식으로 효과가 없으면 여러 끼를 굶으면 되겠지요... 그러면 건강에도, 영성에도 아주 도움이 됩니다.

우리가 불쌍히 여기고 애처롭게 생각하고 대단히 여기는 우리의 육체는 사실 그다지 많은 음식을 소화하지 못합니다.

프란시스코는 어느 날 제자들이 구걸해온 쓰레기와 같은 음식을 숲에서 바위 위에 올려놓고 먹으면서 한없는 눈물을 흘렸습니다.

이렇게 좋은 음식을 주님... 제가 먹을 자격이 있습니까... 하면서 그는 울었지요..

이 이야기는 천국이란 마음과 심령의 상태이며 결코 외적인 조건에 있지 않음을 보여줍니다.

마르다는 주님께 좋은 것을 대접하고 싶어서 동분서주했지만 주의 마음을 기쁘시게 하지 못했습니다.

왜냐하면 주님은 대접을 받으려 오신 것이 아니라 그분 자신을 주기 위해서 이 땅에 오셨고 그것이 그분에게 가장 큰 기쁨이 되시기 때문입니다.

자매님들이 음식을 위해서 시간과 마음을 많이 쏟는 것은 몹시 가슴아픈 일입니다.

하루 세끼... 아무 남는 것도 없이 음식을 만들고 치우다 보면 하루가 다

지나갑니다.
그것은 너무나 허무한 삶입니다.
음식은 가볍고 소박하며 적은 양일수록 몸에 좋으며 영성 관리에도 도움이 됩니다.
음식과 몸의 즐거움을 많이 가지고 있으면 주님을 먹고 마시는 즐거움이 많이 반감됩니다.

음식, 옷, 집, 돈, 편안한 삶...
그 모든 것들은 일시적이며 진정한 기쁨이 되지 않습니다.
그러나 얼마나 감사한지요!
날마다 주님과 동행하며 그분 앞에 무릎을 꿇고 우리의 삶을 드릴 때 그분은 측량할 수 없는 기쁨을 우리에게 주시는 것입니다.
그리고 그분의 은총을 경험한 자들은 너무나 행복하고 배가 불러서 다시는 세상의 허탈한 즐거움에 눈을 돌리지 않게 되는 것입니다.

그분의 음성은 우리의 기쁨이며 힘이며 삶의 의미이며 행복이며 모든 것입니다.
그분은 우리가 취할 수 있는 가장 놀라운 음식이시니 어찌 즐거워하지 않을 수 있을까요...
오늘도 임하실 그분의 풍성함을 기대합니다.
오, 주님은 얼마나 황홀한 분이신지요!
그분께 영광과 존귀를 올려드립니다... 할렐루야!

17. 주님의 영광을 위한 비전

얼마 전 유명한 출판사의 부장님과 식사를 하며 대화를 나눈 적이 있었습니다. 우리는 나의 원고를 그 곳에서 출판할 지에 대해서 같이 이야기를 나누었습니다.
그분은 참 주안에서 훌륭한 분이셨고 우리는 많은 유익한 이야기를 나누었습니다.
그러나 나는 그 곳에서 나의 책을 출판할 수 없었습니다.
그분은 여러 군데의 수정을 원하셨고 그것은 좋은 견해였지만 나는 그 의견을 받아들이기 어려웠습니다.
그분이 그 출판사에서 나온 베스트셀러에 대하여 격찬을 하면서 그와 같은 글을 요구했지만 솔직히 말해 나는 그 책들에 대해서 아무런 맛도 감흥도 느낄 수 없었습니다.

나의 견해나 취향이 꼭 옳지는 않을 것입니다.
그러나 나는 다년간의 기도와 영성의 훈련을 통하여 어떤 책을 보면 그 저자가 속한 영계와 영적 상태, 그의 주변에 있는 영들의 존재를 느낄 수 있었습니다.
어떤 책은 읽기도 전에 주님의 기쁨과 향취를 경험할 수 있었고 어떤 책은 읽기도 전에 마음이 답답하고 고통스러웠습니다.
모든 책들은 본인이 느끼든 느끼지 못하든 다 영계에서 온 것이며 각 저자는 자기의 수준에 맞는 영계에서 온 메시지를 수신하여 글을 쓰게 되는 것입니다.
그러므로 어떤 책을 접촉하는 것은 단순히 책 한 권을 보는 것이 아닙니다.
수많은 영들을 접하게 되는 것입니다.
많은 천사들을 접하게 되기도 하고 많은 미혹이나 욕망의 영을 접촉하게 되기도 합니다.
어떤 영을 접촉하느냐에 따라 그의 삶이 달라진다는 것은 말할 나위도 없습니다.
그러므로 어떤 책이 아무리 대중의 지지를 받는 다고 해도 영의 충만함이나 실제적인 주님의 경험이 없는 저자의 책은 별로 읽고 싶지 않았습니다.

사실 낮은 차원의 욕망을 자극한 책들이 보다 더 관심을 끄는 것이 사실입니다. 오늘날 영이 깨어서 주님과 영적 생명에 관심을 가지는 사람들이 점점 적어지는 것은 사실입니다.
오늘날 물질주의의 강력한 영의 영향으로 인하여 사람들은 숫자가 주는 매력과 힘에 쉽게 속고 매혹이 되는 것 같습니다. 그들은 많은 사람들이 인정한 것은 무조건 탁월한 것이라고 생각합니다.
많은 사람들이 읽는 책은 무조건 좋으며 많은 사람들이 모이는 교회는 무조건 좋은 교회이며 많은 사람들이 따라가는 유행하는 사상은 반드시 좋은 것이라고 생각하는 것 같습니다.

그러나 영의 세계에서 그러한 가치관은 아무런 의미도 없습니다. 영적인 세계에서는 내적 생명, 영의 속성과 성향의 변화, 생명의 변화만이 인정

되며 지상의 가치관은 그곳에서 발을 붙이지 못합니다.

한국교회에 유행하는 많은 사상들이 있습니다.
물론 그러한 것들은 어떤 영들이 뿌려놓은 것들입니다.
목회의 성공 비법을 강조하는 글들도 있고 마케팅기법에 대하여, 기업이 고객을 관리하듯이 성도를 관리하는 기법을 가르치는 책들도 많습니다.
주님의 생명이 아닌 사람의 혼을 깨우며 인간적인 열정을 일으키며 흥분시키는 많은 베스트셀러들이 있습니다.
그러한 책들은 영혼의 성장에 별로 도움이 되지 않습니다.
또한 그러한 빗나간 책들 외에도 주님께 영혼을 이끌려고 애쓰는 책들도 있습니다.

그러나 진정 중요한 것은 어떤 기법이나 방법이 아니라 저자를 통해서 흘러나오는 영입니다.
어떤 이가 주님과의 영적인 실제적인 접촉을 어느 정도 가지고 있다면 그는 어떤 책을 읽고 그 저자가 실제적인 내면의 변화를 가지고 있는지, 또 그가 어느 정도의 상태에 있는지 곧 감지할 수 있게 됩니다.
만일 저자가 실제적인 주님의 생명을 경험하지 못했다면 그러한 글들은 부분적으로 사람들의 영을 깨우며 어느 정도 기여하는 부분이 있으나 실제로 많은 유익을 주지는 못합니다.

모든 생명에 속한 글들은 흐름이 있습니다.
아무리 딱딱한 논문 식의 아카데믹한 글이라고 해도 저자가 주님의 실제적인 교통을 경험했다면 그것은 어떤 흐르는 것이 있습니다.

그것은 삶을 변화시킵니다.
그것은 저자의 삶도, 독자의 삶도 충격을 주며 바꾸어 놓습니다. 삶의 방향, 흐름... 그 모든 것들은 예전처럼 돌아갈 수 없게 만드는 그 어떤 것이 있는 것입니다.
그것은 일시적인 흥분이 아닌 사람을 주님께로 이끄는 힘이 있습니다.
그것은 읽는 사람을 단순한 지식의 습득에서 그치지 않고 독자를 그 자리에서 주님께 엎드리게 하는 힘이 있는 것입니다.

나는 그러한 책을 쓰고 싶습니다.
나는 주님을 사랑하며 그분과의 실제적인 교제를 가지고 있는 저자가 쓴 아름다운 고전을 읽으며 그 감동에 놀라고 전율을 느끼며 흐느껴 울었던 많은 기억들을 가지고 있습니다.
물론 그 대부분의 책들은 별로 팔리지 않고 절판되며 책방에서 사라지지만 그러한 책들은 사람의 영혼에 충격을 주며 주님께로 이끌어 가곤 합니다.

내가 주님을 찾아 방황하던 시절 나는 현실의 교회에서는 주님께 대한 목마름을 채울 수 없었고 해답도 찾지 못했기 때문에 앞서 간 믿음의 선배들의 글을 읽었습니다.
그 글에서 나는 흥분되었고 도전받았고 압도되었으며 그들이 경험했던 주님을 나도 알기를 원했습니다.

이제 나는 나의 글도 그렇게 되기를 소원합니다.
지금도 나는 날마다 자라고 있으므로 예전에 썼던 책을 보면 너무나 부끄러워서 어디로 숨어버리고 싶을 때가 많지만 언젠가는 주님의 생명으로 가득한 충만한 글을 쓸 때가 올 것을 기대하며 삽니다.
나의 주님 체험이 증가될수록 십자가의 경험이 증가될수록 나의 글도 주님을 드러낼 수 있을 것입니다.

출판사 부장님과 헤어져 돌아오면서 나는 잠시라도 대형출판사의 힘에 기대어 베스트셀러 작가가 되고 싶은 마음을 가졌던 사실이 부끄러워졌습니다.
그리고 그러한 꿈을 내려놓으며 다시금 후련하고 행복한 기분을 회복할 수 있었습니다.

아직은 내가 읽어도 형편없는 글들이지만 언젠가 나는 주님의 풍성한 생명으로 가득한 글을 쓰기를 원합니다.
사람들이 글을 읽으며 하나님의 영광에 사로잡히고 그분 앞에서 엎드러지게 하는 글을 나는 쓰고 싶습니다.
지금도 글을 쓰면서 자주 울지만, 더 강력한 하나님의 거룩하심에 사로잡혀서 그분의 임재 속에서 글을 쓰고 그 행복과 영광을 전하는 주의 도구로 쓰여지기를 나는 원합니다.

왜냐하면
하나님의 임하심...
하나님의 만져주심...
그것은 우리가 경험할 수 있는
가장 놀랍고

영광스러운 일이기 때문입니다.

예배의 핵심은 설교나 가르침이 아닙니다.
그것은 하나님의 임재를 경험하는 것입니다.
지금 이 순간에 성도를 만져주시는 주님의 터치를 경험하는 것입니다.
모든 기도, 모든 찬송, 모든 예배는
바깥뜰에서 성소를 거쳐
지성소로 나아가는 것입니다.
그 지성소에서 하나님의 영광에 부딪히는 자는
아무도 다시는 세상의 허탄한 것들의 종이 되기를 원치 않습니다.
나의 글도
이러한 주님의 지성소를 경험할 수 있는
도구로 사용되기를 원할 뿐입니다.

오, 주님.
제가 주님의 도구로
사용되게 하여 주십시오
저의 사역과 글에서
주님의 임재가 나타나기를 원합니다.
그리고 그것만이
저의 살아가는 목적이며
진정한 소원입니다.

18. 데이트, 즐거운 누림...

어제 밤 2시가 넘어 집에 들어왔습니다.
정리하고 3시가 넘어 잠자리에 드니 아침 8시에 일어났는데 계속 졸렸습니다.
좀 피곤했지만 오늘은 이상하게 아침부터 배가 고프고 아내와 같이 외식을 하고 싶은 마음이 들었습니다. (음... 성경에 외식하지 말라고 했는데...)
그래서 아내와 나가자고 했는데 아내는 컴퓨터 앞에 앉더니 반응이 없습니다.
배가 고프다고 낑낑 거리다가 곰인형을 껴안고 울다가 잠이 들었습니다.
(농담... 이런 걸 믿는 사람들도 있더군요...)

배가 고프다고 울부짖는 나에게 별로 반응을 보이지 않던 아내가 12시에 컴 앞에서 일어나기에 같이 밖으로 나왔습니다.
우리 집에서 조금 걸어가면 연신내 전철역이 있고 그 사거리에 먹는 골목이 있습니다.
우리가 가끔 가는 이 집은 철판에다가 닭고기를 조금 곁들인 야채볶음밥을 비벼주는 데 가격은 2500원이고 맛도 좋고 양도 많습니다.
나도 맛있게 먹지만 아내가 음식을 즐겁게 먹는 것을 구경하는 일은 참으로 행복한 일입니다.
비싸지 않은 가격으로 맛있는 음식을 대접하는 분들이 감사할 뿐입니다.

우리의 데이트에는 별로 돈이 들지 않습니다.

음식점 옆에 있는 국민 은행에 가면 자판기 커피가 있고 테이블과 회전 의자가 있습니다.

커피 한잔을 가지고 둘이 마셔도 양이 남습니다. 우리는 삶의 여유와 대화를 즐길 뿐이지 마시는 자체가 목적은 아니니까요...

아내는 내가 집회에서 했던 이야기, 그 후의 교제 등에 대해서 열심히 재미있게 듣습니다.

우리는 거기에 앉아서 대화를 즐기다가 옆의 자주 가는 서점으로 갑니다.

거기에는 의자가 있어서 책도 1-2권 정도는 볼 수 있습니다.

우리는 잠시 구경을 하다가 데이트를 마치고 집으로 옵니다.

아직 몸은 조금 피곤하지만 마음은 몹시 가볍고 즐겁습니다. 모든 이야기를 할 수 있는 아내가 있고 또 적은 돈으로 삶의 많은 것들을 누릴 수 있고 즐길 수 있으니 감사할 뿐입니다.

주님께서는 우리의 삶에 누리고 즐길 수 있는 많은 것들을 예비하셨습니다. 우리가 그분에 대해서 눈을 뜰수록 주님은 우리의 삶에 여유와 안식, 누림을 주시는 것 같습니다.

조금 지친 걸음으로 우리는 집으로 옵니다. 아마 집에 가서 잠을 더 자야할 것 같습니다.

우리는 즐거운 마음으로 집을 향하여 갑니다.

19. 기다림, 그리움, 사랑...

집으로 가는 길에 아내는 핸드폰을 꺼내더니 누군가에게 전화를 합니다. 한참을 깔깔거리고 웃더니 나보고 집으로 먼저 가라고 합니다. 아이들 친구 엄마 집에 들러서 교제를 하고 갈 모양입니다.
나는 그녀와 헤어져 집으로 혼자 갑니다.

나는 조용히 있는 것을 좋아합니다.
그래서 기도와 묵상, 책읽기와 글 쓰기로 대부분의 시간을 보냅니다. 그래서 나가고 움직이는 데에는 많은 노력이 필요합니다.
그러나 아내는 조용히 있는 것을 힘들어합니다. 그래서 그녀는 자주 교제를 찾아서 나갑니다.
내가 집에 많이 있는 것이 습관이 되어서인지 아내와 아이들은 내가 어디 가고 없으면 아주 허전해합니다. 그래서 나갔다 들어오면 더 인기가 많아집니다.
나도 아내와 많은 시간을 같이 보내지만 조금이라도 떨어져 있으면 그녀가 그립고 보고 싶습니다.
그녀가 밖에서 식사를 할 때는 혼자 먹는 식사가 맛이 없어 대체로 그냥 넘어가는 편입니다. 아내는 속상해 하지만 그러면 그 다음 식사를 즐겁게 할 수 있지요...

아내가 늦게 오면 많이 기다려지기는 하지만 나는 그 기다림의 시간이 즐겁습니다.
그리고 아내가 친구들과 같이 교제하면서 얻는 즐거움을 같이 느낍니다.
그녀의 기쁨은 곧 나의 기쁨이기 때문에 그녀가 늦어도 나는 행복합니다. 내가 그녀를 진정 사랑한다면 그녀가 좋아하는 것을 마음껏 즐길 수 있도록 도와주어야 하겠지요.

나는 아내와 헤어져 집으로 옵니다.
그리고 속으로 중얼거립니다.
즐겁게 놀다가 오시오 나는 지금 너무 졸리니 집에 가서 열심히 잘 테니까...
나는 비몽사몽을 헤매며 집으로 옵니다.

20. 노숙자 주님

집에 혼자 도착한 나는 실수한 것을 깨달았습니다.
집에서 나올 때 열쇠를 가지고 나오지 않은 것입니다.
나는 몹시 피곤하고 졸렸습니다. 그러나 집으로 들어갈 길이 없었습니다.
담은 쉽게 넘었지만 방으로 들어가는 문을 열 수는 없었습니다.
나는 선택의 기로에 다시 봉착했습니다.
아내의 핸드폰으로 전화를 하면 그녀는 당장 달려올 것입니다. 그러나 모처럼 아는 분과 교제를 하던 그녀를 방해하게 될 것입니다.
나는 고민했습니다. 피곤하기는 했지만 전화를 하는 것은 옳지 않다는 느낌이 들었습니다.
내가 실수한 것으로 아내의 즐거움을 빼앗을 수 있는 권리가 내게는 없는 것입니다.

주님은 남편들에게 아내를 목숨을 버릴 정도로 사랑하라고 말씀하셨습니다. 남편의 권리란 아내를 위하여 목숨을 버리는 것이지 이런 사소한 일로 그녀의 기쁨을 뺏는 것은 아닐 것입니다. 그래서야 주님의 얼굴을 바로 볼 수가 없겠지요...

나는 가지고 있던 책을 깔고 쪼그리고 앉아서 엎드립니다.
피곤하고 조금 춥기는 하지만 컨디션이 좋을 때 아내에게 잘해주는 것은 누구나 할 수 있는 일입니다. 기분이 좋고 여유가 있을 때 아이들에게 잘 해주는 것은 누구나 할 수 있는 일입니다. 그리고 그것은 본능과 육에서 나오는 사랑이며 주님과 영 안에서 나오는 사랑이 아닙니다.
그러나 힘들 때 사랑하는 것은 주님의 사랑이며 주님을 의지할 때 주님이 할 수 있도록 은혜를 주셔서 할 수 있는 것입니다.
나는 잠을 청해 보았지만 잠이 잘 오지 않습니다.
한시간 쯤 지나니 발이 저리고 몸이 추워집니다.
나는 다시 일어나 기도를 드리기 시작합니다.

비록 짧은 시간이지만 나는 집이 없고 갈 곳이 없는 노숙자의 입장을 생각합니다.
그들은 얼마나 추울까요. 얼마나 서러울까요... 외로울까요...
나는 TV에서 그들이 서울역 지하도에서 신문을 깔고 자는 것을 여러 번 보았습니다.
그러나 나는 그들을 위해서 아무 것도 하지 않았습니다.
주님은 마태복음 25장에서 그들이 바로 주님 자신이라고 말씀하셨습니다.
그러나 나는 추위에 떨고 있는 주님을 그저 못 본 척 했습니다. 그리고 그저 나의 편안한 잠자리에서 누워서 안식을 취했습니다. 나의 눈에 눈물이 흐르기 시작합니다.

나의 마음은 다시 주님을 향합니다.
노숙자와 같이 처소를 잃으신 분이신 주님을 생각하기 시작합니다.
사람의 심령은 주님의 처소입니다.
그러나 많은 사람들이 그 주님의 처소에 주님을 영접하지 않습니다. 그들은 주님께서 계속 평생을 그들을 따라 다니시며 그분을 영접하기를 기다리시는 것을 알지 못합니다.
그들은 그들의 영혼이 파리하고 비참하고 허무해져도 주님을 영접하지 않습니다.
그 어리석은 영혼들 때문에 사랑의 주님은 바깥에서 방황하시며 그들을 기다리고 아파하시며 노숙자처럼 외로워하고 계시는 것입니다.
나의 눈에서는 이제 굵은 눈물이 하염없이 떨어지기 시작합니다. 피곤도, 졸음도 이제는 모두 사라져버렸습니다.

시간이 흐르고 아내가 집으로 돌아옵니다.
그녀는 나를 보고 놀라며 왜 전화하지 않았느냐고 아우성입니다.
하지만 그녀는 압니다. 내가 그녀의 어떠한 즐거움도 빼앗기를 원치 않는다는 것을 말입니다.
그것은 바로 주님의 마음입니다. 주님은 그분이 어떤 고통을 겪으시더라도 우리의 작고 사소한 즐거움들을 빼앗기를 원치 않으십니다. 그분은 오직 우리를 위하여 주고 또 주는 것을 원하십니다.

나는 집으로 들어와 이불을 뒤집어씁니다.
평소에 춥게 느껴졌던 집이 밖에서 떨다보니 지금은 따뜻하게 느껴집니다.
아마, 주님도 그러시겠지요...
사람의 사랑을, 관심을 얻지 못하여 춥고 외롭게 계시다가 그를 영접하고 받아들이는 사람의 심령 속에 들어와 따뜻하고 즐겁게 느끼시겠지요...

물론 그렇게 주님을 영접한 이들이 실제로 자신의 고통에 관심이 있을 뿐 주님 자신에게는 별로 관심이 없으며 앞으로 수없이 주님을 배반하고 주님의 가슴을 찢어 놓겠지만, 그것을 잘 아시면서도 주님은 그러한 우리들을 사랑하실 수 밖에 없는 것입니다.
왜냐하면 그분은 우리를 위하여 그분의 생명까지 바치셨기 때문입니다. 그분은 우리를 위하여 모든 것을 주셨기 때문에 우리의 완악함과 이기적임, 교활함에도 불구하고 더욱 더욱 사랑하실 수밖에 없는 것입니다.

왜냐하면
그것은
그분의 성품이기 때문입니다.
마지막 남은
피 한 방울까지도
주고 싶어하시는
그분의 성품이기 때문입니다.

21. 은혜, 용서, 황금 십자가

컴 앞에 앉아있는데 건넌방에서 아내가 아이들과 기도를 하는 소리가 들립니다.
나는 컴을 좀 매만지고 있다가 건넌방으로 들어갑니다.
아이들이 아빠가 왔다고 마구 좋아합니다.
비록 같은 집에 살지만 아빠가 그들의 방에 들어가면 이산 가족이 만나듯이 기뻐하고 아빠가 나가면 몹시 슬퍼하지요...
이 놈들은 자꾸 아빠의 방에 들어오는 것을 좋아합니다. 그러나 아빠가 일을 해야한다고 엄마가 쫓아내면 이들은 마치 구원을 잃어버리는 듯이 서러워합니다.

예원이가 기도가 잘 안 된다고 꽁꽁거립니다.
이 아이는 기도하면 거의 항상 빛이 보이고 그 다음에 황금 십자가가 보이고 그 다음에 주님과 천사들이 보이고 주님의 음성이 들린다고 하는 데 지금은 빛은 있는데 황금 십자가가 없다고 합니다.
그러면서 이렇게 말합니다.
"아빠... 요즘은 TV보고 놀기만 해서... 기도할 때마다 주님께 죄송하고... 죄송하다고 이야기 드리는 것도 한 두 번이지 매번 그러니까 너무 미안해서... 지금은 가슴이 꽉 막혀서 기도를 할 수가 없어..."

나는 그녀를 눕게 하고 그녀의 머리와 가슴에 손을 얹습니다.

기도를 받기에 가장 좋은 자세는 누워있는 자세이지요.
또한 주님이 임하시기 가장 좋은 자세도 누워있는 자세입니다.
누워있으면 사람의 몸이 수동적으로 되기 때문에 영이 활동하기가 좋습니다.
나는 그녀에게 주님의 빛이 다시 오시기를 기도합니다.
그리고 주님이 주시는 말씀을 전합니다.
"사랑하는 예원아... 나는 항상 네 옆에 있단다... 그리고 무엇을 잘못했다고 너무 걱정하지 말아라... 나는 언제나 네가 나에게 오는 것이 즐겁단다... 내가 지금 나의 사랑과 빛을 너에게 주겠다..."

기도가 끝나니 예원이는 다시 쫄쫄 울고 있습니다.
왜 우냐고 물으니 예원이는 대답합니다.
"응... 아빠... 다시 황금 십자가가 왔어... 예수님이 말씀하시구... 그리고 아빠가 방에 들어오고 손을 얹으면 항상 황금 십자가가 와... 그리구 답답한 가슴이 뻥 뚫렸어... 예수님이 너무 고마워서 울어..."

우리는 다 같이 즐거워합니다.
어린 아이들도 죄책감이 많습니다.
그들도 육을 가지고 있지요...
사단은 어린 아이들에게도 계속 정죄의식을 집어 넣습니다.
그러므로 우리는 어린이들에게, 신앙의 시작 단계에서부터 그분의 사랑, 그분의 용서, 그분의 끝없는 긍휼과 자비를 가르쳐야 하는 것입니다.
우리가 아무리 잘못해도 주님은 우리를 결코 정죄하지 않으며 더욱 더 사랑하신다는 사실을 가르쳐야 하는 것입니다.

왜냐하면
신앙이란 우리의 열심으로 주님께 나아가는 것이 아니고
그분의 사랑과 용서를 받아들이는 것이며
그 은혜와 사랑의 기초 안에서
우리는 비로소 변화되기 시작하기 때문입니다.

22. 아기의 은혜

전철을 타고 가고 있는데 옆자리에 어린 아기를 업은 젊은 엄마가 앉습니다.
나는 숨이 막히도록 행복해집니다.
나는 그 아기를 쳐다보고 같이 장난을 칩니다.
아기는 나를 뚫어지게 쳐다봅니다.
내가 위험한 존재인지 아닌지를 확인하는 거겠죠..

나는 그에게 부드럽게 웃으면서 내가 위험한 존재가 아니라는 것을 알립니다.
아가는 마음을 열고 나에게 손을 내밉니다.
그리고는 내 손가락을 꼭 잡습니다.
그리고 애구... 저런...
내 손가락을 빨기 시작하는 군요...
맛이 있는 모양입니다.

나는 아기가 너무 좋습니다.
조금 큰 아이도 좋지만 큰 아이들은 많이 움직여서 가만히 쳐다보기가 힘드니 조금 서운합니다.
그렇게 때문에 이렇게 엄마 품에 꼼짝 못하고 있는 아기를 보고 있는 것은 말로 형용할 수 없는 기쁨을 얻게 되는 것입니다.

주님은 어린 아기들의 천사가 항상 하나님을 뵙는다고 말씀하셨습니다.
어린 아기의 옆에는 항상 천사가 있는 것 같습니다.
그래서 그런지 나는 아기를 보면 아무리 지쳐있다가도 힘을 얻게 됩니다.

나는 지금 어떤 성도님들을 상담하고 도와주려고 가고 있는 중입니다.
그러나 몸이 힘들고 기도도 부족해서 조금 컨디션이 좋지 않습니다.
그런데 전철에서 이 아기를 보면서 나는 기도하는 것 못지 않게 힘을 얻습니다.
나는 마치 주님의 얼굴을 보는 것 같이 느껴집니다.
아이와 웃고 장난을 치면서 나는 마치 주님이 나를 만지시고 사랑해주시는 것처럼 느껴집니다.
나는 생각합니다.
너무... 행복하다...
오늘 하루의 모든 축복은 여기서 다 받은 것 같다...

얼마 후에 아기 엄마가 먼저 내립니다.
나는 가슴이 무너져 내리는 것처럼 너무 서운하고 서운합니다.
조금 더 갈 줄 알았는데...
아기 엄마는 방긋이 웃으며 인사를 합니다.
엄마들은 대부분 내가 그녀의 아기들과 노는 것을 좋아합니다.
나는 아기와 작별인사를 하는데 아기는 내 손가락을 놓지 않으려고 합니다.
엄마가 아기의 손을 잡아당겨서 우리의 만남은 이렇게 끝이 납니다.

아가는 천사입니다.
그들에게는 주님의 영광이 있습니다.
그러나 그들은 살아가면서 악을 배우고 거칠어져 갑니다.
그들은 악한 영들에게 눌리고 영의 공급을 받지 못하여 완악해져 갑니다.
이 아가들이 저 맑은 영을 유지하고 아름다움을 계속 유지해갈 수 있다면 얼마나 좋을까요...
아니, 나이가 들수록 오히려 더 어린 아기처럼 순수하고 맑을 수 있다면 얼마나 좋을까요...

나는 그날 성도를 도우면서 참 즐겁고 행복한 시간을 가졌습니다.
대화와 기도가운데
눈물과 기름부음, 풍성함이 있었습니다.
그날의 풍성함은
물론 주님의 은혜의 덕분이었겠지만
그러나 많은 부분이
이 아기를 통한 축복이 아니었나 싶습니다.

그 아기는 지금 어디에 있을까요...
지금은 누구의 손가락을 빨고 있을까요...
보고 싶습니다.
오늘도...
어디서든...
아기를 만날 수 있었으면 좋겠습니다.

아가가 기어다니는 모습, 웃는 모습을 보는 것은 세상 어디에서도
얻을 수 없는 행복이지요.. 예원이의 아기 시절.. 그 모습에서
천국을 느낍니다...

아이들은 사랑스럽지만 주님의 사람으로 기르기 위해서는 야단도 쳐야
하지요. 오빠와 싸우다 혼이 나고 있는 모습입니다. 하지만 이렇게
혼이 난 후에는 다시 안아주고 축복해주는 행복한 순간이 있지요.

23. 아름다운 연기

사랑하는 딸 예원이와 대화를 합니다.
"예원아... 이 땅에서는 너와 내가 아빠와 딸이지? 그런데 하늘나라에 가면 우리는 다 형제 자매란다... 형제님, 자매님... 그렇게 부르게 될 거야..."
예원이는 눈이 동그래졌습니다.
"응... 그거 정말이야? 왜 그래?"
"예원아...너도 하나님을 아버지라고 부르지? 아빠도 아버지라고 부르잖아. 할머니도 아버지라고 부르고... 그러니 다 한 형제 자매이지..."
"아, 정말 그러네... 그럼, 아빠라고는 안 부르는 거야?"
"음... 처음에는 세상에서 살던 기억이 나니까 아빠라고 부르겠지... 하지만 나중에는 형제, 자매라고 부를 거야..."
"와, 아빠... 그것, 재미있겠다... 우리 연습 한번 해보자..."
"그래. 내가 먼저 할께. 자매님... 세상에서 살 때에 제가 별로 좋은 아빠가 못 되었지요? 부족한 저의 밑에서 딸의 역할을 하느라고 참 수고가 많으셨어요..."
"아니예요, 형제님... 형제님에게서 주님의 사랑에 대해서 많이 배워서 참 감사해요..."
그러더니 예원이는 깔깔거리며 웃었습니다.
"와! 아빠... 너무 재미있다... 우리 이거 날마다 하자..."

우리는 이 땅의 역할이 영원한 것 인줄 알고 거기에 사로잡히지만 그것은 그림자와 같으며 하나의 연기와 역할에 불과합니다.
그리고 그 연기가 끝나면 우리는 각자의 연기와 역할에 대한 평가를 받게 될 것입니다.
비록 영원한 것은 아니지만 그래도 우리는 충실하고 아름답게 이 연기에 몰두해야 되겠지요.. 주님 앞에 서는 그 날을 위해서 말입니다...

아빠와 딸.. 부녀지간이지만 좋은 친구이자 형제 자매이기도 하지요..
공원에서 같이 배드민턴을 치다가 한 장 찍었습니다.

24. 해석의 은사

아내와 같이 우체국에 갔었지요.
아내가 일을 보고 있는 동안 나는 의자에 앉아 있다가 2-3살쯤 되어 보이는 어떤 꼬마아이를 발견했습니다.
내가 가만히 있을 리가 만무하지요...
나는 그에게 다가갔습니다.
(성별이 조금 헛갈리는 데 아마 남자아이일 확률이 80%쯤 되는 것 같았습니다.)
아이는 내가 무서웠든지 재빨리 엄마의 옆으로 도망가서 그녀의 다리를 붙잡았습니다.

하지만 꼬마들의 두려움을 풀어주는 것은 아주 쉽지요..
나는 그 아이를 쳐다보다가 갑자기 책상 사이로 숨었습니다.
그 아이는 갑자기 내가 없어지니까 놀래서 나를 찾고 있는데 나는 책상 밑에서 고개를 쏙 내밀었습니다.
아이는 조금 놀랜 것 같았는데 이것을 여러 번 반복하니까 나중에는 소리를 내서 웃었습니다.

어린아이들과 놀 때 재미있는 것 - 그것은 똑같은 놀이를 계속 할 수 있다는 것입니다.
매번 똑같은 이야기를 하고 똑같은 놀이를 해도 아이들은 계속 웃지요..

그들은 아직 타락하지 않아서 머리, 논리를 사용하지 않고 느낌으로 감동으로 살기 때문입니다.
사람은 머리가 주인이 되면 돌게 되어 있습니다. 모든 고통의 근원은 머리가 발달하는 것이지요... 동물들도 머리를 굴리며 살지 않기 때문에 행복하고 지치지 않으며 병들지 않습니다.

어른들에게는 똑같은 이야기를 하면 곤란하지요...
설교하면서 같은 예화를 두 번 사용하면 큰일이 납니다.
세 번쯤 사용하면 다들 지겨워서 화를 내고 다섯 번쯤 사용하면 그 교회에서 쫓겨나게 됩니다.
그래서 목사들은 항상 새로운 감동적인 설교와 감동적인 이야기 거리를 찾느라고 돌아버릴 지경이고 성도들을 사랑해줄 마음의 여유가 없는 것입니다.
사람들은 말씀을 실천하는 것보다는 지식의 축적을 더 좋아하는 경향이 있기 때문에 이미 알고 있는 것을 실천하기보다는 항상 새로운 지식과 새로운 깨달음과 새로운 이야기를 항상 더 얻고 싶어 하지요...
기도를 하다보면 다양한 원리와 깨달음이 오게 마련인데 사람들은 기도를 하지 않으니까 기도에 대한 많은 원리들을 알고 또 배우고 싶어합니다.

아이와 많이 친해져서 나는 아이와 이야기를 시작했습니다. 아이는 아직 말을 잘 못하는 것 같았습니다.
"엄마는 어딨지?"
아이는 방글방글 웃으면서 엄마를 손으로 가르쳤습니다.

엄마 어디 있느냐... 모든 아이들에게 이 질문이 가장 쉽지요... 그들의 관심은 오직 엄마이니까요...
나는 다시 묻습니다.
"아빠는 어디 있어?"
아이는 바로 대답합니다.
"우왕 ~ "
나는 생각에 잠깁니다.
우왕? 아빠가 강아지인가? 아니면 왕인가?
나는 해석이 어렵습니다.
옆에 있던 엄마가 대답했습니다.
"그래... 아빠가 우와 ~앙 타고 갔지~"
나는 그제서야 그 우왕 ~이 자동차가 내는 소리라는 것을 알았습니다.

모든 엄마들은 자기들의 아이의 소리를 잘 해석하는 은사를 가지고 있습니다.
아무도 못 알아듣는 이야기를 그녀들은 신기하게 알아듣습니다.
그 이유는 무엇일까요?
아마 가장 사랑하기 때문에, 가장 가까이 있기 때문에, 그리고 많은 교제를 가지고 있기 때문이겠지요...

우리가 주님을 사랑하고 주님과의 많은 교제와 대화를 가지고 있다면 우리는 세상에서 일어나는 모든, 많은 사건들에 대해서 좀 더 잘 이해하고 해석할 수 있게 될 것입니다.
왜냐하면 이 세상의 모든 일들은 하나님께서 주관하시고 우리의 훈련을 위해서 사용하시는 것이니까요..
또한 사람들의 마음에 대해서도 우리는 많이 이해하고 해석할 수 있을 것입니다.
왜냐하면 사람은 하나님의 작품이니까요...

사마리아 여인이 방탕한 삶을 살았을 때 많은 사람들은 그녀를 정죄했지만 주님은 그녀의 심령이 공허하며 생수가 필요하다고 해석하셨습니다.
삭개오가 많은 돈을 끌어 모았을 때 사람들은 그를 욕했지만 주님은 그의 갈증을 이해하시고 그의 집으로 가셨습니다.

많은 사람들은 사람들의 행동의 표피적인 것만을 볼 수 있을 뿐입니다. 폭력을 사용하는 사람은 나쁜 사람이며 약속을 지키지 않는 사람도 나쁜 사람이고 게으른 사람이며 이기적인 사람도, 도박에 빠지는 사람도 모두 못된 사람이라고 생각합니다.

그러나 그런 해석을 하는 사람들은 결코 그들을 바로 알 수 없으며 도와주거나 변화시킬 수 없습니다.
만일 우리가 좀 더 나은 해석을 배울 수 있다면, 주님의 해석을 배울 수 있다면, 우리가 사람의 마음속의 공허와 상함, 아픔을 볼 수 있다면 우리는 좀 더 사람들을 사랑하며 돌볼 수 있겠지요...
아이의 언어를 해석할 수 있는 엄마의 귀를 가질 수 있다면 우리는 세상에서 많은 아름다운 것들을 발견하고 분별할 수 있을 것입니다.
오, 주님께서 우리에게 이러한 해석의 은사를 주시기를!

25. 기도는 행복의 근원입니다.

요즘 아들 주원이가 감기가 오래가는 것 같았습니다.
한달 가까이 기침을 심하게 하니 병원에도 여러 번 가고 약도 먹이는 모양인데 별로 차도가 없는 것 같았습니다.
아마 중학교에 들어가니 수업도 많아지고 피곤해서 그런 모양인데 정작 아빠는 피곤하기도 하고 바쁘기도 해서 별로 신경을 못썼습니다.
아내는 아이가 너무 힘들어한다고 학원도 그만두어야 하겠다고 울상입니다.

어제, 저녁을 먹고 나는 아이를 불렀습니다.
"주원아... 이리 와서 눕거라."
주원이는 묻습니다.
"왜요?"
"왜는... 너 아프다면서... 기도 받아야지..."
예원이도 옵니다.
"와! 아빠. 나도 해줘요... 나도 빛을 봐야지~..."
"가만있거라. 이 강아지야... 너는 안 아프잖아..."

나는 주원이의 머리를 안수합니다.
"아이고 머리에 뭐 이리 복잡한 게 많나... 이 놈 요즘에 쓸데없는 생각을 많이 하는구나..."

머리를 손으로 톡톡치니 주원이는 아파서 쩔쩔맵니다.
옆에서 아내가 깡깡거립니다.
"너, 무슨 생각했어, 너, 무슨 생각했어..."
나는 웃습니다.
"별건 아니고.. TV를 좀 많이 봐서 나쁜 게 많이 들어왔나 봐요.."

머리가 조금 맑아지자 다시 가슴에 손을 얹습니다.
신기하게도 그냥 볼 때는 잘 모르지만 손으로 상대방을 접촉할 때는 어떤 상태들이 느껴집니다.
가슴이 차갑고 저린 느낌이 옵니다.
"가슴에 차가운 기운이 많구나... 주원아... 너 요즘 찬 것을 많이 먹었니?"
"조금... 먹었는데..."
나는 방언으로 기도하며 가슴을 마사지합니다.
가슴에 두려움, 불안이 많이 들어 있습니다.
항상 물리적인 문제보다도 근본적인 것은 정신적이고 영적인 것이지요
먼저 정신과 영혼이 병든 다음에 환경이 꼬이고 몸에 병이 나타나는 것입니다.

나는 주원이에게 묻습니다.
"주원아... 마음속에 왜 이리 두려움이 많니.. 너 뭐가 걱정스럽니?"
주원이는 조금 울먹이면서 말합니다.
"저... 중간 고사 시험을 치는데 자꾸 걱정이 되어서..."
그리고 엄마의 눈치를 살핍니다.

아마 엄마가 성적에 대한 압력을 준 모양입니다.
나는 말합니다.
"주원아. 염려하지 마라. 빵점을 맞고 꼴찌를 해도 괜찮아. 뭐 그런 것을 걱정하니?"
옆에서 아내도 괜찮다고 위로를 해 줍니다.

아이들이 공부를 잘 못하는 것은 대체로 두 가지입니다.
하나는 사명이 공부 쪽이 아니어서 관심이 별로 없는 경우이고 다른 하나는 심령이 두려움 등으로 막혀서 머리가 움직이지 않는 경우입니다.
두 번째 경우가 많은데 머리는 가슴의 종이기 때문에 공부에 대한 두려움이 심장에 오게 되면 머리는 막히게 되고 돌아가지 않게 되어있습니다. 그러므로 대부분의 아이들은 마음을 치유하고 유쾌하게 해주면 금방 공부를 잘하게 됩니다.

그러나 공부를 잘하는 것이 무슨 의미가 있는 것은 아니지요...
대부분의 어머니들은 공부와 성적의 노예가 되어있는데 그것은 가치관과 영이 병들었기 때문입니다.
기껏 유명한 대학가는 것에 인생의 목표를 두고 있기 때문입니다.
현대의 교육은 어떻게 하면 아이들을 바보를 만들까에 집중된 것 같이 느껴집니다.
물론 사람의 구조를 모르고 하나님을 알지 못하는 분들은 그 개선에 한계가 있겠지요...

사람은 태어날 때부터 어느 한쪽에 주님께서 달란트를 주십니다.

어떤 이는 뇌 쪽에 달란트를, 어떤 이는 손에 재능을, 어떤 이는 눈이나 귀 쪽에 재능을 주십니다.
그러므로 서로 경쟁을 해서 누가 1등이냐 2등이냐 하는 것은 너무나 바보 같은 짓이지요... 왜냐하면 모든 사람은 다 1등이며 하나님이 허락하신 귀한 사명과 방향이 있기 때문입니다.
다양한 재능의 사람들을 머리 중심의 바보로 만들어 가는 것이 현대의 교육입니다.
엄청난 잠재력을 사장시키고 그저 점수 잘 따서 대학이나 가게 하는... 그래서 그 놀음에 모든 엄마들이 같이 춤추고 울고 웃는... 현실이 가슴 아픕니다.
그래서 열심히 아이를 고문해서 점수 잘 나오게 하고 원하는 대학에 들어가면 하나님께 영광.. 하고 울고불고... 이것은 정말 코미디지요...
인생의 엄청난 풍요로운 시절을 의미 없는 경쟁과 압력으로 영혼을 다 시들어버리게 하지요...
참으로 안타깝기 그지없는 일입니다...
교육의 개혁에 사명을 받은 주님의 사람들, 하나님의 사람들이 나타나기를 기대할 뿐입니다.

배에도 나쁜 기운이 많아서 조금 뽑아내고 가슴이 많이 회복된 것 같아서 나는 기도를 마칩니다.
이번에는 예원이가 달랑 누워서 나는 그녀에게 다시 안수하고 기도합니다.

주원이는 많이 회복된 것 같았습니다.

어제 기도를 받은 후 기분이 좋아서 잠이 들더니 오늘은 아주 생생한 모습으로 집에 왔습니다.
어제는 학교에서 너무 힘들다고 했는데 오늘은 기분이 아주 좋은 모양입니다.
오늘은 학원에서 시험을 봤는데 1등을 했다고 아주 즐거워서 자랑을 합니다. 1등... 그게 뭐 별 의미 있는 것은 아니지만 자신감을 회복하는 데에 도움이 된다면 좋은 일이겠지요... 사람은 자신감, 믿음이 회복되면 무엇이든지 할 수 있으니까요...
가슴도 기침도 거의 좋아진 것 같습니다.
우연일지도 모르지만 아내는 내가 기도해준 뒤에 곧 아이가 회복되자 병원에 간 시간과 돈이 아까운 모양입니다.

모처럼 기분이 좋아져서 활짝 웃는 아내와 아들을 보면서 나는 그런 생각을 했습니다.
주님의 풍성함과 사랑... 그것은 우리에게 너무 가까이 있는데 우리는 그것을 얼마나 누리지 못하고 있는가...
주님의 보호하심은 얼마나 풍성한데 우리는 왜 쓸데없이 근심하고 두려워하고 있는가...
기도와 믿음, 주님을 바라보는 삶은 우리에게 항상 자유와 기쁨, 행복을 주신다는 것을 다시 한번 확인할 수 있었습니다.

26. 주님의 임재를 전달하는 사역

얼마 전 어느 가정에서 예배를 인도합니다.
예배를 시작해야 하는데 아이가 심하게 웁니다.
양손으로 귀를 잡고 울기에 이유를 물었더니 아침에 잠이 깬 이후부터 계속 귀가 아프다고 운다고 합니다.
아이가 감기에 걸렸는데 아마 그 기운이 귀 쪽으로 온 모양입니다.
아이가 울면 예배를 드릴 수가 없으니 나는 아이를 내 쪽으로 부릅니다.
그리고 아이를 내 품에 안고 기도를 시작합니다.
아이는 다섯 살 먹은 여자아이입니다.

이 아이를 부드럽게 품에 안고 귀를 잡고 있는 아이의 양손을 놓게 하고 내 두 손으로 아이의 두 귀를 잡습니다.
그리고 소곤소곤 속삭이듯이 부드럽게 기도합니다.
"주님...귀가 낫게 해주세요...
귀야..이제 그만 아프고 나아라..."
내 뺨을 아이의 뺨에 부비면서 나는 이것을 여러 번 반복합니다.
내가 아이를 안고 있지만 마치 주님이 이 아이를 만지시는 것처럼 달콤하고 감미로운 기운이 느껴집니다.

2-3분이 지나자 아이는 조용해집니다.
아프다고 찡그린 얼굴이 펴집니다.

이제 괜찮은 것 같아서 나는 뽀뽀를 해주고 아이를 엄마에게로 보냅니다.
다행히도 아이는 더 이상 아프다는 이야기를 하지 않습니다.

우연히 나았을까요?
아니면 주님이 만져주셨을까요?
그냥 나을 때가 되니까 나았을까요?
우연일지도 모르지만 하여튼 아이가 조용해지니 예배를 잘 드릴 수가 있었습니다.

아이가 잘 생기지 않는 분들을 몇 번 기도해준 적이 있습니다.
우연인지 곧 아이가 생겼고 건강한 아이가 나왔습니다.
그러나 그들은 그것을 기도의 응답으로 생각하지는 않는 것 같았습니다.
한약도 먹고 여러 가지 방법을 사용하니까 그 결과로 생겼다고 생각하는 것 같았습니다.
기도의 직후에 아이가 생겼다는 것...
우연일지도 모르지요...
그러나 우연히 나았든 기도로 나았든 약을 먹고 나았든 그 모든 것들은 주님의 은혜입니다.
그러므로 어느 쪽이든 우리가 감사해야할 이유는 충분한 것입니다.

최근에는 이상하게도 사람들에게 집회와 기도를 통해서 사람들이 주님의 임재로 들어갈 수 있도록 도와주고 싶은 마음이 조금씩 생깁니다.
나는 원래 기도를 잘 해주지 않고 기도 요청을 하면 도망가는 편입니다.

조금 쑥스럽기도 하고..아무튼 별로 익숙하지 않습니다.
그러나 문제의 해결이나 어떤 치유의 능력보다 주님의 기름부음, 사랑의 임재를 나누어주고 싶은 마음이 조금씩 생깁니다.
내가 경험하고 있는 주님의 달콤함, 기쁨, 행복감...그러한 주님의 가까운 임재를 나누어주고 싶은 마음이 듭니다.

전화를 하시는 독자님들은 잠간의 대화를 통해서도 뜨거운 불이 오거나 기쁨, 가슴의 설레이는 느낌 등이 온다는 이야기를 많이 하십니다.
그러나 말보다도 직접적인 터치를 통하는 것이 영의 전달에 더 도움이 되는 측면이 있는 것 같습니다.

얼마 전에 어떤 자매님과 커피숍에서 대화를 나누다가 앉은 자세에서 조용히 기도를 해주었던 적이 있었습니다.
3,4분 정도의 묵상기도였지만 자매는 주님의 강렬한 임재를 경험한 것 같았습니다.
그 이후에 자매님은 주님의 가까우심을 많이 경험하게 되었습니다.
집에서 기도할 때에 주님은 가까이 다가와 그녀를 안아주셨습니다.
그러한 경험이 처음이었던 그녀는 몹시 놀라서 "정말, 주님 맞으세요?" 하고 물었는데 주님이 의심하지 말라고 말씀하시고 마음의 상태도 너무나 평화롭고 행복한 상태였기 때문에 그녀는 주님의 임재에 더 깊이 나아갈 수 있었습니다.
안수기도는 준비가 되어있는 영혼에게는 주님의 임재를 경험하는 데에 어느 정도 도움을 주는 것 같습니다.

기도하고 안수를 할 때 경험적으로 보통 머리에 안수를 하는 것이 효과적인 것 같습니다.
일반적으로 머리의 생각들이 복잡해서 주님의 역사를 방해하는 요소가 많이 있기 때문에 그것을 처리해야 하기 때문입니다.
머리가 복잡한 사람은 머리에 어두움이 많아서 주님의 빛이 잘 들어오지 않습니다. 그러므로 이들에게 손을 얹으면 그 어두움이 처리되는 과정에서 묵직한 통증을 느끼는 경우가 많은 것 같습니다.
그러나 아주 영이 민감한 사람은 머리에 손을 얹으면 쉽게 영적인 흐름을 받아들이며 손이 아플 정도로 강력한 에너지가 빠져나가는 것이 느껴집니다.
그러나 머리에 손을 얹는 안수기도는 사람의 머리에 손을 얹는 것이 조금 죄송하게 느껴져서 조금 망설여지게 됩니다.

심장도 영의 중심부로서 영의 흐름을 받아들이기 좋은 곳이며 신체의 어떤 부위이든, 어깨든, 손을 잡고 하든 어떤 접촉점이 있는 것은 그 흐름의 전달에 도움이 되는 것 같습니다.

안수기도가 어떤 효과를 가져오는지 나는 구체적으로 잘 알지는 못합니다.
그러나 어떤 영의 흐름, 전달의 효과가 있는 것 같습니다.
나에게는 주님께서 신유나 다른 능력의 흐름을 나누어주는 사역보다는 아마 주님을 가까이 경험하고 누리는 영을 공급하는 사역이 주어진 것처럼 느껴집니다.
그래서 나는 그러한 기름부음의 사역을 하고 싶어집니다.

조용히 주님의 임재를 받아들이며
주님께 어떤 기도의 제목이나 소원을 가지고 나아가기 보다
그저 단순히 주님께 자신을 맡기고
주님께 드려지며
주님과의 사랑과 친밀함 속에 들어갈 수 있도록
그러한 기름부음을 전달하고 싶어집니다.

이러한 기름부음의 기도는 언어의 기도가 아니며
그저 조용히 손을 대고 있을 뿐입니다.
그리고 잠깐 스치고 지나가는 기도보다도
적어도 3-4분 이상 접촉하고 있어야 효과가 있는 것 같습니다.

지금은 문서 사역으로 인하여 사역을 잘 하지 못하지만 언젠가는 기도 사역을 통하여, 집회를 통하여 주님의 임재와 기름부음을 나누어줄 수 있겠지요...
사실 기도보다 더 주님의 강렬한 임재를 나누어주는 것은 주님의 임재를 기다리는 집회입니다.
개인적인 기도는 여러 가지 후유증도 생길 수 있지만 주님을 높이고 찬양하며 그분의 임새와 만지심을 기다리는 집회에서는 그러한 후유증이 없이 좀 더 깊고 아름다운 주님의 임재 속으로 들어갈 수 있기 때문입니다.

주님의 임재...
그분의 사랑을 가까이 경험하는 것...

그것은 그 어느 것과도 바꿀 수 없는
귀하고 아름다운 선물입니다.
우리가 그 임재를 경험하게 된다면
우리는 우리가 좋아하던 많은 것들이
싫어지게 될 것입니다.
왜냐하면
주님의 임재와 사랑은 너무나 달콤하고 행복하여
세상의 많은 즐거움들이 부질없고 허무하게 느껴지기 때문입니다.
주님의 향기는 너무나 아름다워
세상의 많은 아름다움들이 썩은 악취처럼 여겨지기 때문입니다.

우리는 이 아름다움, 임재를 더 깊이 누려야 합니다.
그리고 이 행복의 전달자가 되어야 합니다.
우리 모두가 그러한 사랑에 사로잡히고
그 영광의 흐름의 통로가 되면 얼마나 좋을까요...
그것은 우리 모두에게 있어서
가장 위대한 축복이 될 것입니다.

27. 아픔을 먹고 자라는 사랑의 길...

어제...오랫동안 교제하던 사랑하던 가정이 부산으로 이사를 갔습니다.
가슴이 많이 아리고 메어져 왔습니다.
최근 몇년의 나의 삶은 시편88편 8절 <주께서 나의 아는 자로 내게서 멀리 떠나게 하시고 나로 저희에게 가증되게 하셨사오니 나는 갇혀서 나갈 수 없게 되었나이다> 이 말씀과 18절<주께서 나의 사랑하는 자와 친구를 내게서 멀리 떠나게 하시며> 이 말씀이 내게 이루어진 삶이었습니다.

이삿짐을 싸러 가기가 싫었습니다.
이삿짐 싸기... 교회 사역을 하면서 참 많이 했지요...
사람들은 대부분 주님의 마음과 생명의 흐름에 대해서 이야기하면 하품을 하고 시계를 보고 지루해서 어쩔 줄 몰라하지만 이삿짐을 거들어주는 것은 대부분 좋아합니다. 그리고 나도 그것을 좋아합니다.
그러나 대부분 영의 양식에 대해서는 준비되어 있지 않으며 본질적이 아닌 복을 이야기해야 잘 받아들입니다. 그것은 영이 아직 깨어날 때가 되지 않았기 때문이니 어쩔 수가 없겠지요...

아픈 가슴을 부여안고 이사를 도우러 갑니다.
힘든 놈을 옮기고 일하다보니 가슴이 아픈 것이 많이 나아집니다.
간신히 시간을 보내고 나는 그들과 헤어져 집으로 옵니다.

그들과 함께 보냈던 즐거움과 고난의 여정들이 떠오릅니다.
자매는 지난 시절의 추억과 눈물과 감사가 담긴 편지를 내게 건네줍니다.
집에 와서 편지를 읽다가 소리내어 울음을 터트립니다.
<보통 목사님께는 사랑한다는 말을 하기가 어려울 것 같아요.. 그러나 목사님께는 너무 자연스럽게 이 말을 할 수가 있군요.. 목사님... 사랑합니다...>
그녀의 글이 가슴이 부딪칩니다...
그리움과 서러움이 복받쳐 올라옵니다.
컴퓨터 앞에 앉아있는데 여전히 눈물이 그치지 않습니다.
홈페이지의 게시판을 복사하려고 홈을 들추다가 주연 자매님이 보내준 존 덴버의 노래를 오랜만에 듣습니다. 정겨운 노래를 들어서 그런지 또 다시 눈물이 하염없이 흘러내립니다. 왜 울까요? 오래 전 젊은 시절의 추억 때문인지...?

아직도 나는 이별이 어렵고 정에 약한 것 같습니다.
사랑, 그리움은 행복하지만 또한 많이 아픕니다.
보고 싶고, 함께 하고 싶은 많은 마음들은 가슴을 저리게 합니다.
생명의 은인처럼, 아버지처럼 따르던 이들과의 헤어짐 들은 언제나 가슴의 한 부분이 도려내어 지는 느낌입니다.
이제는 사랑한다고 가까이 오는 사람들이 두려워집니다.
언젠가 경험하게 될 이별이 너무 아프기 때문입니다.
이 땅에서는 항상 오해가 있고 이별이 있고.. 나는 그것들이 견디기가 힘듭니다...

그러나 그러한 아픔들은 사랑을 순수하게 만드는 것 같습니다. 조금 더 주님의 깊으신 은혜로 나아가게 하는 정화시키는 요소가 있는 것 같습니다. 아픔을 겪을수록 사람을 더 깊이 이해하고 사랑할 수 있으니까요... 예전에 가슴이 아린 경험을 많이 하기 전에는 나는 내가 좋아하는 스타일의 사람이 있었고 어떤 다른 스타일은 좋아하지 않았었습니다.
그러나 지금은 대부분의 사람들이 아름답게 느껴집니다.

울고 있는데 전화가 옵니다.
내게 전화하시는 분들은 대체로 인생의 벼랑에 서신 분들이 많지요...
열심히 그들에게 위로와 힘을 주다가 탈진해서 누웠더니 다시 전화가 옵니다.
그리고 다시 입을 벌리기 어려울 정도가 되니 다시 전화가 옵니다.
부도난 가정 상황, 외도하는 것 같은 남편... 정말로 견디기 어려운 상황들이겠지요...
하지만 가슴이 조여와서 더 이상은 말하기가 어려워집니다...

요즘 컴퓨터의 홈페이지가 닫혀져서 이것도 포기해야 될까 고민을 합니다. 주님께서 모든 외부세계를 닫으라는 것일까... 생각을 해봅니다.
그러나 기도해보고 나는 다시 운영자에게 메일을 띄웁니다. 이 홈을 통해서 위로를 얻는 분들이 있으니 이것은 살려야겠다는 생각이 듭니다.

하룻밤 잠을 자고 나니 마음이 많이 좋아졌습니다.
아마 간밤에 주님께서 많은 작업과 정화를 이루셨겠지요...

보고싶은 사람들이 있다는 것은
행복한 일입니다.
우리는 평생을 사랑하며
사랑을 발전시키며
살아가야 합니다.
그리고 때가 되면
우리의 여행이 마치고
우리의 꿈에서 깨어나는 날
우리는 고향에 있겠지요...
오해도 없고
이별도 없는 아름다운 곳에서
영원히 사랑하며 살아가게 되겠지요...

그 날의 행복한 만남을 위해서
오늘도 내일도
사랑의 길을 걸어가야 하겠지요...
지치고 힘들어도
위로하고 축복하고 나누어주면서...
함께 주님의 길을 걸어가야 하겠지요...
사랑 그 자체이신 주님께
모든 감사와 사랑을 올려드립니다...

28. 마지막 예배를 마치고...

오늘, 13년의 목회 사역을 마치는 마지막 설교를 했습니다.
눈물이 나올 것 같았지만 열심히 참았지요...
13년 전의 첫 설교는 요한복음 2장으로 주님을 알아 가는 것에 대해서, 오늘의 마지막 설교는 요한복음 21장으로 주님을 사랑하는 것에 대해서 이야기했지요...
사람의 심령은 사랑의 곳간이며 여호와의 등불인데 이 곳간은 주님을 사랑하는 분량만큼 빛이 옵니다.
영계는 애정으로 구성되어 있어서 서로 끌어당기기 때문에 중심으로 주님을 사랑하지 않으면 그분이 아무리 오시고 싶어도 오실 수가 없습니다.
그러므로 주님을 사랑하는 것은 천국의 임재이며 주님을 사랑하지 않는 영혼은 살아있으나 죽은 것입니다. 그의 영혼은 빛이 없어서 아무 것도 분별할 수 없으며 본능적으로 살다가 소멸되어 버리는 것입니다.

사람과의 만남과 헤어짐은 항상 있는 일이나 가슴이 아린 것은 여전한 것 같습니다.
주님을 만나기 전에 많은 고통을 겪었고, 그래서 항상 죽음을 생각하고 실제로 시도해보기도 했지만 주님을 만나고 그분의 실상을 경험하고 훈련받으며 목양을 하고 영혼을 세워가면서 경험되는 시련은 그보다 훨씬 강도가 높다는 것을 알게 되었습니다.

심장이 찢길 것 같은 느낌과 경험이 수없이 반복되었고 나는 내가 미치지 않고 살아있는 것이 참으로 신기했습니다.

나는 그러한 경험을 통하여 새로운 사실을 알게 되었습니다. 그것은 하나의 죽음을 경험할 때마다 새롭고 깊이 주님을 만나게 된다는 것이며 주님의 심장으로 덧입혀진다는 것이었습니다.
그러한 찢김의 경험을 통과할수록 점점 주님의 마음을 쉽게 느끼게 되고 그분의 사랑에 감격하게 되며 영혼들을 쉽게 사랑할 수 있게 되고 영혼들이 아름답게 보이는 것을 알게 되었습니다.

사람들에게 주님의 임재와 사랑에 대하여 이야기하면 사람들은 부러워하며 특이한 체질로 생각하고 운이 좋아서 복권에 당첨된 사람같이 생각하지만 그 주님을 알아 가는 과정의 눈물과 찢김의 대가를 지불하여야 하는지에 대해서는 잘 알지 못합니다.
분명한 것은 주님께서는 우리가 주님을 알아가는 과정에서 그러한 고통의 경험들을 허락하시며 그러한 고통과 메마름의 순간만큼 우리의 영혼은 주님의 사랑과 임재에 대하여 예민해지며 풍성해진다는 사실입니다.
새 옷을 입기 전에 낡은 옷을 벗어야 한다는 것은 당연한 일인 것입니다.

여러 사이트에 돌아다녀 보면 사람들이 자기의 고민을 이야기하고 위로받기를 원하는 것을 많이 봅니다.
힘들 때 위로를 서로 주고받는 것... 그것도 좋은 일이겠지요...
그러나 우리는 때때로 그것을 거절할 수 있어야 합니다.

왜냐하면 주님 자신이 위로자로 오시기 때문입니다.
십자가에 달리셨을 때 주님은 몰약을 탄 포도주를 거절하셨습니다.
그것은 진통제로 쓰이는 것입니다.
그분은 우리를 너무 사랑하셔서 우리를 위한 그 고통조차도 사랑하셨기 때문에 그 고통의 쓴잔을 남김없이 마시기를 원하셨습니다.

나는 때때로 위로가 필요할 때 주님을 봅니다.
그리고 그분의 표정과 음성에 귀를 기울입니다.
그분은 어떤 때는 가까이 다가와 어루만지고 위로하시고 때로는 우시기도 하십니다.
어떤 때는 그저 아무 말 없이 조용히 옆에 계시기만 합니다.
지금은 두 번째 군요...
그분은 지금 옆에 계신데 아주 가까이 계시지는 않고 조금 떨어진 곳에 앉아 계시는 군요...
나는 그것을 느낄 수 있습니다.
그분은 지금 직접 나의 눈과 마주치시지 않고 그저 조용히 다른 곳을 쳐다보시며 앉아 계실 뿐입니다.

그 의미가 무엇인지 나는 알지 못합니다.
하지만 확실한 것은 그분이 아주 가까이 계시다는 것 뿐입니다. 그리고, 그것으로 충분합니다.

지금껏 나를 인간적으로 좋아하고 의지하시는 분들이 있었습니다.
그러나 그것은 나를 고통스럽게 합니다.

나의 겉사람에게는 아무런 유익이 없습니다.
나는 오직 주님의 사랑을 전하고 싶을 뿐입니다.
그들의 영혼 속에 주님의 임재와 사랑을 나누어주고 싶은 마음뿐입니다.
나에게는 아무런 지식과 사랑이 없으며 오직 주님의 영광과 놀라우심을 전하고 싶은 마음뿐입니다.
그것에 대하여 침묵을 지켜야 한다는 것은 얼마나 고문인지요!

세상에 많은 교제와 만남, 위로, 진리, 지식, 힘이 있으나 그러한 모든 것들은 우리를 위하여 십자가에 달리신 주님의 사랑과 진리에 비하면 광명한 태양과 작은 반딧불을 비교하는 것과 같습니다.

나는 영혼들을 사랑하지만 그들의 심령 속에 주님이 있을 곳이 없으며 주님을 줄 수가 없을 경우에는 가슴이 터질 것 같은 고통을 느낍니다.
세상 돌아가는 이런 저런 이야기를 하고 싶지 않습니다.
그들의 영혼을 사랑하시며 그분의 사랑을 전하기 원하시는 주님이 그들의 주변에 눈물을 흘리면서 서 계시는 것이 느껴지는 데 어떻게 다른 것들을 이야기할 수 있을까요...
우리를 향한 주님의 미칠 것 같은 사랑...
그러나 주님은 우리의 입술은 그를 존경하나 우리의 마음은 그에게서 먼 것을 아십니다. 그분은 아직 우리의 안에 주님을 담을 수 있는 준비가 되어있지 않은 것을 아십니다.
그리고 쓸쓸히 그분의 때를 기다리십니다. 고독하게, 고독하게... 그분은 우리를 기다리십니다....

오늘도 지나가겠지요...
그리고 밤이 되겠지요...
또 내일이 오고...
주님은 우리를 또 다른 곳으로 이끌어 가실 것입니다.
훈련은 순간이며
이로써 우리는
주님의 다른 어떠하심을 경험하게 됩니다.
그것은 우리에게 영원한 복락입니다.
내일, 모레...
우리는 좀 더 주님을 사랑하고 순종할 수 있겠지요...
조금 더 정화되어서
주님을 영광 속으로 가까이 가겠지요...

부디 이 아름다운 여정을
즐거움으로 항해하십시다.
한 때는 울면서 찬양을 드리지만
나중에는 웃으면서 찬양할 때가 오지요...
가슴을 움켜쥐고 감사를 드릴 때도 있지만
주체할 수 없는 기쁨으로 춤을 출 때도 있지요..
주님은 영원한 우리의 사랑이시니
오직 그분께만 나의 마음, 우리의 마음을
쏟을 수 있는 것입니다.
영광의 주님께 나의 진정을 부으며...

주님...
너무나...
너무나...
사랑합니다...
그 밖에...
다른...
드릴 말씀이...
없군요...
바보 같은 당신의 종...
정원 드립니다...

29. 주님의 눈물

자신이 혼자라고 느껴지고
인생의 벼랑에 서있는 것처럼 생각되고
그 어떤 돌파구도 보이지 않을 때
어둠 속에서 조용히 손을 내밀어 보십시오
주님은 거기에 계십니다.

당신이 수많은 회한과 고통으로
밤새 잠을 이룰 수 없을 때
조용히 믿음의 눈을 들어
당신의 침상을 바라보십시오
당신의 침상 옆자리에
주님이 앉아서
꼬박 밤을 새우신 것을
알게 될 것입니다.

당신은 혼자라고 생각하지만
그분은 한번도
당신을 떠나본 적이 없습니다.
당신이 그분을 부르지 않고
그분을 기억하지 않는 순간에도

그분은 당신의 옆에 계시며
말할 수 없는 그분의 은총과
그분의 위로를 부어주십니다.

당신은 힘을 얻고 일어서지만
때가 되면
그것이 당신 스스로의 힘이 아니라
당신의 얼굴에 떨어진
주님의 눈물 때문인 것을 알게 될 것입니다.

30. 우리의 영원한 소망

어머니에게서 전화가 왔습니다.
목소리가 몹시 힘이 없습니다.
몸이 안 좋으신 것 같습니다.
내가 목회를 내려놓았다고 하니 많은 염려를 하십니다.
어머니는 공항근처의 개화산에 사는 누님이 모시고 있습니다.
이상하게도 오랜만에 어머니의 아픈 것 같은 목소리를 들으니 목이 메이고 눈물이 나려고 합니다.
속이 안 좋다고 하시기에 위장과 대화를 하라고 말씀드렸습니다. 위장아, 너 아프니? 너무 걱정하지 말아라... 내가 도와줄게... 힘을 내려므나... 라고요...
어머니는 그것 아주 그럴듯하다고 모처럼 밝게 웃으셨습니다.

어머니는 우리 아이들을 몹시 보고 싶어하시지만 이제는 아이들이 학교를 다니니 시간이 안되어 마음놓고 데리고 다니지도 못합니다.
가끔 가족끼리 모이면 다들 점잖으니 내가 코메디언 역할을 합니다.
같이 웃고 재미있지만 시간은 꿈처럼 빨리 흐르고 우리는 집으로 돌아와야 합니다.
나오지 말라고 해도 어머니는 힘들게 층계를 내려오십니다. 인사를 하고 포옹을 하고 걸어나와도 어머니는 오래 동안 손을 흔들고 계십니다.

걷다가 뒤를 돌아다보면
어머니는 여전히 손을 흔드십니다.
손을 흔들고 걷다가
다시 돌아보아도
어머니는 여전히 손을 흔들고 계십니다.
늙고 허리가 꼬부라진 그녀는
멀어져 가는 아들을 향해서
그녀의 힘없는 손을
계속 흔들고 있었습니다.

그녀는 무엇을 생각하고 있을까요
그녀의 마음속에 있는 것은
외로움일까요
그리움일까요
사랑일까요...
그녀의 손은 무엇을 잡으려고 하는 것일까요
후회일까요
아쉬움일까요
꺼져가는 소망일까요...
마음이 아파서
나는 눈을 돌리고
버스가 오기만을 기다립니다.

나는 불효자입니다.

나는 어머니의 마음을 수없이 아프게 했고 속을 썩였습니다.
그러나 그녀의 나이 77세...
내가 이제 그 죄들을 어떻게 다 씻으며
그 은혜들을 얼마나 갚을 수 있을까요...
어머니와 전화를 마치고 울고 있는데 아내가 들어왔습니다.

그녀는 놀랍니다.
"여보 왜 그래요? 울었어요?"
나는 그녀에게 화풀이를 합니다.
"여보. 당신 미국에 계신 부모님께 전화 좀 하고 편지 좀 해요... 도대체 사람이 양심이 있어야지... 그렇게 딸을 사랑하고 예뻐하면서 키워주니까지 남편하고 애들밖에 모르고.. 전화는 꼭 무슨 생일이나 명절에만 하는 법인가? 보고싶다고 하고 좀 수다도 떨고... 그래요.."
그녀는 고개를 끄덕입니다.
"그러게 말이에요... 참..."

주일을 지내고 어머니를 뵈러 가야겠다는 생각이 듭니다.
늙은 모습을 보면 마음이 아프지만, 언젠가는 영원히 늙지 않는 곳에서 젊고 아름다운 모습으로 사랑하는 주님과 함께 행복한 나날늘을 보내게 되겠지요...
그리고 그것이 이 땅에 살면서도 우리가 바라보고 원하는 아름답고 영원한 소망인 것입니다.

31. 어머니...

어머니 목소리가 조금 편찮으신 것 같아서 아내와 어머니를 아는 몇 분 집사 자매들과 같이 어머니의 집을 방문합니다.
도착해서 식사를 하고 있는데 내가 여기에 오는 것을 어떻게 아셨는지 목사님 부부가 오셨습니다.
어머니와는 한마디도 못하고 그분들과 여러 가지 교제와 대화를 나눕니다.
목사님은 나보다 연세가 다섯이나 위시지만 마치 주님을 대하는 것처럼 겸손하게 대해주십니다.

나의 책을 읽으시면서 큰 빚을 졌다고 하십니다.
궁금해서 물어보니 <열린 영성 따뜻한 마음>이라는 나의 저서 안에 사역자의 마음에 대한 언급이 있는데 그 내용 중에 사역자는 성도들에게 사랑을 심고 그 대가로 미움과 욕을 받는 것이라는 이야기가 마음에 부딪히고 몹시 은혜가 되었다고 했습니다.
그 이야기를 통해서 많은 아픔들이 해결되었다고 하셨습니다. 사역자들의 가슴이 수없이 찢긴다는 것은 사역자들만이 알 수 있는 것이지요...

우리는 함께 즐거워하며 은혜를 나누었습니다.
사역자는 마치 쓰레기 처리장과 같습니다.
주님의 빛과 임재를 가지고 있어야 하며 성도들이 가지고 있는 어두움,

근심, 염려, 두려움, 좌절... 등의 에너지를 자신의 안에 받아들입니다. 즐거운 일로 사역자를 찾는 사람은 거의 없으니 그러한 어둠들을 마음속에 받아들이고 자신 안에 있는 주님의 빛으로 그 받아들인 어둠의 에너지를 정화시켜야 합니다.

그러나 사역자가 자신의 상처나 고통을 해결하지 못하면 성도로부터 받은 어두움이 밖으로 나가거나 소멸되지 않고 그 안에 머물러 증폭되기 때문에 그들은 악한 영에 눌려 강퍅해지거나 상처를 받고 비참한 상태에 빠지게 되는 것입니다.

사역자들이 처음에는 다 뜨거운 사명과 열망으로 사역을 시작하다가 나중에는 대부분 비참한 영의 상태로 떨어지고 마는 것은 그러한 사역의 전쟁이 정말 외롭고 고독하며 쉽지 않은 싸움이기 때문입니다.

그것은 성도와의 문제가 아니며 교회를 파괴하고 사역자들을 파괴하려는 어둠의 영들과의 전쟁이기 때문입니다.

오늘날 사역자에 대하여 은혜가 없다, 사랑이 없다고 비난하는 사람들은 많지만 사역자들의 심각한 영적 전쟁과 압력, 위기를 이해하고 중보하는 사람들은 거의 없습니다.

그들은 음식의 맛이 좋은 곳을 몰려다닐 뿐이고 새 음식의 맛에 익숙해지고 지겨워지면 다시 취향을 바꿀 뿐입니다.

그 와중에서 교회는 파괴되고 사람들은 서로 상처를 받았다고 생각하며 결국 이간질하는 사단만이 즐거워할 뿐이지요...

모든 성도와도 마찬가지로 사역자들의 수준도 성숙도도 다 차이가 있습니다. 그러나 어린 아이가 아름다운 것처럼 모든 성도, 모든 사역자들은 아름답습니다. 그들은 모두 주님의 귀한 존재입니다.

세상에 영적인 교회, 영적인 사역자는 존재하지 않습니다.
우리는 모두 그저 부족한 사람들끼리 서로 사랑하고 용서하며 그저 보고싶어 하고 그리워하며 살뿐이지요...
우리가 서로 사랑하면 우리는 모든 곳에서 은혜를 받고 행복하게 됩니다.
그러나 사단이 움직이면 이 그리움의 관계는 파괴되고 오해와 두려움이 생기며 벽이 쌓이고 주님의 교회는 일정 부분 무너집니다. 그리고 사람들은 마음의 벽을 가지고 살게 되지요...
그들은 서로의 마음이 닫혀져서 은혜가 막힌 것을 결코 보지 못합니다. 다만 다른 어떤 영적인 문제들이 있다고 생각하지요...
오늘날 사단의 움직임을 통하여 처음에는 아름다웠던 관계들이 파괴되고 상처가 되고 아픔이 되는 것은 얼마나 많은지요...
누구의 죄일까요...
아무의 잘못도 아닙니다.
그저 어리석고 무지해서 사단의 계략에 속아넘어갔다는 것 밖에는...

우리는 여러 이야기들과 교제를 나누었습니다.
그리고 진정 이 땅에 주님의 아름답고 영광과 사랑이 가득한 교회를, 교제를 일으키자고 마음을 나누었지요...
시간이 많이 가서 어머니와는 거의 대화를 못하고 집을 나왔습니다. 그러나 어머니는 몸이 생각보다 건강해 보이셔서 마음이 놓였습니다.

항상 손을 흔들던 어머니는 이번에는 횡단보도를 건너 마을버스 정류장까지 같이 힘들게 걸어오셨습니다.
버스 정류장에 놓여있는 나무 의자에 앉아서 버스를 기다리며 어머니는 나의 손을 꼭 잡고 여러 가지 말씀을 하셨습니다.
나에 대해서 걱정을 많이 했는데 요즘에는 참 감사하다고..
나는 열심히 귀를 기울여 어머니의 이야기를 듣습니다.
집에서 어머니와 거의 대화를 못했기에 잠시라도 그녀의 이야기를 열심히 들어야 했습니다.

나는 과거에 어머니의 이야기를 잘 듣지 않았습니다.
어머니는 항상 푸념과 부정적인 이야기만 한다고 싫어하고 잘 듣지 않았습니다.
그러나 나는 그러한 때를 후회합니다.
어머니에게 필요한 것은 진리와 지식이 아니라 사랑이었던 것입니다.
그저 무슨 말이든 해도 넉넉히 들어주고 웃고 우는, 함께 공감하고 아파하는 아들이 그녀에게는 필요했던 것입니다.
나는 과거에 그런 좋은 아들이 되지 못했습니다.
나는 사랑의 아들이 아니라 옳고 똑똑한 아들이었습니다.
하지만 주님의 은혜와 사랑에 눈을 떠가면서 나는 옳고 그름은 별로 중요한 것이 아님을 알게 되고, 지나간 시절이 후회스럽습니다.

버스가 왔고 우리는 이별을 합니다.
나는 어머니를 꼭 안아주고 나서 다시 헤어집니다.
늙고 병약한 어머니를 놔두고 버스를 타는 나의 마음은 몹시도 무겁고 그저 죄송할 뿐입니다.
하지만...
다시 또 올 수 있겠지요...
다시 와서 어머니의 이야기들을 많이 들어주고 싶습니다.
그리고 수많은 진리와 이야기보다...
그저 사랑한다고 이야기하고 싶습니다.
괜히 자꾸 눈물이 나서 나는 조용히 차창 밖의 경치를 바라봅니다...
멀어져 가는 어머니... 그러나 그녀는 내 가슴 안에 있습니다.

아들 주원이 돌 때 부모님이 오셔서 찍은 사진입니다.
아버님은 먼저 하늘나라로 가셨지요. 나이가 들수록 부모님께는
죄송한 마음 밖에 남는 것이 없는 것 같습니다.

32. 애정의 용량 증가

며칠전 집으로 오는 길에 어떤 젊은 엄마가 5-6살쯤 먹어 보이는 남자아이와 같이 오는 것을 보았습니다.
그들은 열심히 싸우면서 오고 있었습니다.
엄마가 아들에게 말했습니다.
"좀 놔, 놓으라고.. 왜 자꾸 붙잡니? 귀찮단 말이야.."
아이는 어려 보였지만 똑똑하고 말을 잘 했습니다.
"엄마. 아들이 엄마 손을 붙잡는데 그게 어때서 그래?"
"싫어! 싫다구... 징그럽단 말이야. 제발 좀 붙잡지만 마!"
"엄마. 하지만 나는 잡고 싶단 말이야.."
"야! 너는 누가 귀찮게 하면 좋겠니? 너도 싫은 일이 있지? 엄마도 마찬가지야.. 너는 왜 네 생각만 하니?"
그들은 열심히 동네가 떠나가라 떠들면서 싸우고 있었고 나는 웃음이 터져 나오려는 것을 간신히 참으면서 집으로 왔습니다.

아이를 키우면서 가장 필요한 것은 기저귀도 우유도 돈도 아니며 그것은 애정입니다.
애정을 많이 받아먹고 자란 아이는 건강하며 영혼이 밝습니다.
그러나 애정을 별로 받지 못하고 자란 아이는 생각과 감정이 어두우며 부정적이고 비관적입니다.
그러므로 애정의 용량이 부족한 엄마가 애를 키울 때 그것은 서로에게 비극입니다.

아이를 만지는 것은 얼마나 중요하고 아름다운 일인지 모릅니다.
그 만짐을 통하여 아이들은 생각도 성품도 아름답고 풍성해지게 됩니다.
내가 아이를 자꾸 만지니까 아이들은 묻습니다.
"아빠... 왜 자꾸 나를 만져요..?"
나는 대답하지요...
"응... 아빠는 너희를 만지면 참 기분이 좋단다...너희들은 어떠니?"
"응... 나도 기분이 참 좋아요.."
"너희들... 개가 강아지를 혀로 핥는 것 본 적 있니?"
"응... 많이 봤어요.."
"그래... 동물들은 손이 없으니 입으로 핥잖아... 하지만 사람은 손이 있으니 자꾸 만지고 싶은 거란다... 너희들도 핥아줄까?"
"아니요 아빠... 핥는 것 보다 만지는 게 좋아요.."
이상은 우리들이 평소에 나누는 강아지 같은 이야기들입니다.

사람은 누구나 애정을 먹고 자랍니다.
애정이 있으면 삶이 행복하고 즐겁습니다.
애정이 있으면 서로 보고싶고 그리워집니다.
사랑을 표현하고 옆에 있고 싶고 서로 나누고 싶습니다.
그러나 애정이 모자라면 모든 것이 귀찮습니다.
혼자가 편하며 함께 있는 것이 불편합니다.

직업이든, 일이든, 자녀 양육이든, 목양이든, 가정생활이든 애정 없이는 그것은 노동이요 고통이요 고문에 지나지 않습니다.
많은 성도들이 영혼의 충족을 느끼지 못하는 것은 사역자와 애정의 관계가 형성되지 못했기 때문입니다.
사역자들이 애정의 용량이 증가되면 성도들이 보고싶어집니다.
주일이 기다려지고 한 사람, 한 사람을 만나서 기뻐하며 얼마나 그들을 보고 싶었는지 이야기하고 싶어집니다.
애정으로 가득해지면 별로 설교가 필요없습니다.
사랑합니다... 보고싶었습니다... 하는 고백으로 모든 것이 충분하니까요...
왜냐하면 사람의 영혼은 지식으로 살지 않고 애정으로 살기 때문입니다.

부모가 애정의 용량이 많으면 자녀들에게 충분히 주고 또 줍니다.
자녀들에게 비싼 돈을 들여 학원에 보내고 좋은 물건을 사주고.. 그것은 애정과 전혀 다른 분야입니다.
애정은 터치이며 표현이며 표정이며 부드러운 대화이며 마음의 나눔입니다.
외적인 행위로는 그 마음의 전달이 되지 않습니다.

하나님이 허락하신 자신의 일에 대한 애정을 가지고 있지 않으면 삶은 고문입니다.
사람들은 이 피곤한 직장 때려치우고 날마다 교회에 가서 은혜만 받으면 얼마나 좋을까 생각합니다.
그러나 애정의 용량이 증가되지 않으면 하루종일 교회에서 살아도 행복할 수 없습니다. 오히려 더 문제만 많이 생기지요...

애정의 용량의 부족...이것이 우리 모두의 문제입니다.
우리는 너무나 적게 가지고 있어서 남에게 줄 것이 없습니다.
그래서 우리는 우리의 애정과 관심을 요구하는 이들에게서 도망칩니다.
용량이 충분하다면 우리는 주고 또 주고 그리고 행복할 것입니다.

오래 전 신혼 초 전도사 시절 잠시 어떤 교회에서 중고등부를 맡았을 때 그들은 그림자처럼 나를 따라다녔습니다.
3년 간 그들을 지도해준 집사님이 있었지만 나만을 쫓아 다녔습니다. 그래서 그분이 상처를 받기도 했지요...
그 이유는 간단한 것이었습니다.
나는 그들에게 보고싶다고, 사랑한다고 계속 이야기하고 그들은 그러한 이야기들을 듣지 못했기 때문입니다.
나는 집에 있어도 계속 그들의 생각이 났습니다.
밤을 새고 이 놈들과 이런 이야기, 저런 이야기하면서 잘 수 있으면 얼마나 좋을까.. 그런 생각을 했고 설교를 하면서 그런 이야기를 나누었습니다. 그들은 나의 이야기를 듣고 눈물을 훔치기도 했는데 그 후로는 나를 열심히 쫓아 다녔습니다.

애정의 용량이 증가될수록 우리는 유용한 사람이 될 수 있으며 사람을 도울 수 있습니다.
그러나 애정이 모자라면 우리는 조그만 사역도 감당하지 못하고 지치고 또 지칠 것입니다.
억지로 애정을 끄집어내어 간신히 주었다가 거절당하거나 상대로부터 이용당하게 되면 깊은 상처를 받게 될 것입니다.

우리의 용량은 증가되어야 합니다.
주님은 우리의 용량을 286에서 펜티엄으로 바꾸어 주십니다...
용량이 증가되는 것...
그것은 아주 간단합니다.
눈을 주님께 돌려
영광의 그 주님을 바라보고
오, 주님...
저를 채워주십시오...
하고 나서 기다리면 됩니다.
그리고 나면 주님은 오시며
우리의 속은 기쁨으로 채워지는 것입니다.
이것이 반복되면서 우리의 용량은 증가되고
우리는 세상이 얼마나 아름다운지
사람들은 얼마나 사랑스러운지
볼 수 있게 되는 것입니다.

그것은 바로 천국이며
우리는 천국을 확장시키게 됩니다.
오늘, 식복일,
이 화창하고 아름다운 날에
산으로 들고 나가서
맑은 대지의 기운을 마시며
주님의 풍성한 사랑을 경험하십시오
그분의 아름다우심, 향취로

자신을 가득하게 하십시오
그리고 나면 당신을 통해서
사람들은 안식과 치유를 누릴 것입니다.

지금쯤 그 엄마와 아이...
아직도 싸우고 있을까요...
부디 그 엄마의 용량이 증가되어
꼬옥... 품에 안아주면서...
내 아들아... 엄마는 너를 너무나 사랑한단다...
그렇게 말해주면 얼마나 좋을까요...
그렇게 되기를 기대합니다...

그렇게 될 수 있다면
세상의 모든 비극이 다 사라지겠지요.
미움도, 혈기도, 분노도, 폭발도, 범죄도, 탐욕도, 모든 소유욕도, 집착도,
출세욕도, 물질 욕심도...
그 모든 것은 사랑 받지 못해서 병든 사람들이 일으키는
몸부림에 지나지 않는 것이니까요...
그러므로 정이 모자란 어머니는 이 세상의 모든 비극의 시작인 것입니다. 물론 그녀도 피해자이며 정을 받지 못하거나 적게 받고 자랐겠지요...
그래서 악순환은 반복되는 것입니다...

우리에게 언제나 거절하지 않으시고
풍성한 사랑과 은혜를 베푸시는 주님께

모든 감사와 영광을 올려드립니다.
우리가 세상으로부터, 사람으로부터는 적게 받았을지라도
주님께로부터 풍성하게 받으면
우리는 그 모든 악순환을 끊을 수 있으니까요..
할렐루야!
주님을 찬양합시다!

딸 예원이의 두 번째 생일에 케익을 자르며 즐거워하는 모습..
아이들을 축복해주고 안아주고 사랑을 표현하는 것만큼 행복한
일도 다시 없는 것 같습니다.

33. 행복은 어디에서 오는가?

어제, 예정대로 가족들과 일산의 호수공원에 갔다왔지요...
아내와 아이들은 자전거를 빌려서 같이 깔깔거리며 타고 돌아다니고 나는 벤치에서 짐을 지켰습니다.
4월이지만 아직도 좀 추운 것 같았습니다.
아내와 아이들은 뛰면서 돌아다니다 보니 추운 것을 못 느끼는 것 같았는데 나는 가만히 앉아있다 보니 바람이 차갑게 느껴졌습니다.
벤치에 앉아서 조용히 있었지만 아내와 아이들이 즐겁게 뛰어 노는 것을 보고 있는 것은 참으로 즐거운 일입니다.

앉아서 책을 보다가, 쪼그리고 졸다가 기도하며 주님을 생각하다가... 그렇게 하루를 보냈습니다.
아이들과 배드민턴을 치려고 했는데 바람이 너무 불어서 잘 칠 수가 없었지요...
배구공도 가지고 갔는데 바람이 빠져서 잘 놀 수가 없었습니다. 준비가 좀 소홀했던 것 같습니다...
아이들은 500원을 넣으면 움직이는 자동차를 타면서 즐거워했습니다.
그러나 그 자동차에서 나오는 기계 음은 몹시 날카롭고 예리하게 느껴졌습니다.

많은 소음들... 그것은 영혼을 피곤하게 만들지요...

자연, 그리고 고요함...
그것은 하나님의 임재에 우리를 가까이 이끌고 갑니다.
나는 자연 속에 있으면 특별히 기도를 하지 않았는데도 하나님의 강렬한 임재를 느끼게 되는 적이 많았습니다.
모든 인위적인 노력과 애씀이 영적 성장을 방해하듯이 사람들이 만들어 낸 모든 물건, 소음들은 사람의 영혼에 부담을 주는 것 같습니다.
사람들이 만들어낸 것들... 비닐 같은 것도 당장은 편리한 것 같지만 결국은 썩지 않고 공해가 되어 우리에게 돌아오지요... 사람의 작품은 다 그런 것입니다.
사람은 고요함과 자연스러움을 통하여 힘과 안식을 얻는 것 같습니다.
고요함... 자연스러움... 그것은 숨어있는 영혼이 활동하게 되므로 우리는 생명의 흐름과 활기를 곧 얻게 되지요...

어느덧 시간은 많이 흘렀고 우리는 집으로 와야 할 시간이 되었습니다.
나는 하루종일 아내나 아이들이나 사람들을 별로 섬기지 못해서 힘이 들고 따분한 느낌이었습니다.
그런데 어떤 아가씨 하나가 롤러 브레이드를 타고 오다가 내가 앉아있는 벤치 근처에서 미끄러져 넘어질 뻔 하는 것이었습니다.
나는 재빨리 그녀를 붙잡아 주었고 그녀는 몹시 창피해했지만 고마워하는 것이었습니다.
나는 조금 기분이 좋아졌습니다.
우리가 막 일어서려고 하는데 어떤 아줌마가 가까이 와서 말했습니다.
"아저씨... 여기... 이 휴지 조금만 써도 될까요?"
나는 갑자기 기분이 아주 좋아졌습니다.

친절을 베풀 기회가 생겼으니까요..
"그럼요... 써도 되지요.."
나는 활짝 웃으면서 대답했습니다.
"얼마든지 쓰세요.."
그녀는 휴지를 조금 떼어가더니 미소를 짓고 사라졌습니다.
미소를 짓는 모든 사람은 참 아름답구나... 그런 생각이 들었지요...

아이들의 손을 잡고 돌아오면서 나는 그 아가씨와 아주머니를 생각하면서 마음이 즐거웠습니다. 대단한 일도 아닌 아주 조그만 친절... 그것이 우리의 삶을 아름답고 풍성하게 만들어주는 것이니까요... 나는 내게 기쁨과 활기를 준 그녀들이 몹시 고마웠습니다.

우리가 일생동안 살아가면서 우리는 많은 친절을 베풀 기회가 있겠지요...
그리고 그것들은 우리의 삶을 행복하고 풍요하게 할 것입니다.
우리 가족들은 하루를 즐겁게 보낸 것에 대해서 주님께 감사를 드렸습니다.
피곤했지만 행복한 하루였지요...
나는 집에 오자마자 뻗어서 잠이 들었고 아이들은 계속 떠들면서 놀았습니다.
그들의 떠드는 소리가 자장가처럼 행복하게 느껴지면서 나는 즐거운 수면 속으로 들어갔습니다...

2001. 5. 6

34. 나무꾼과 선녀 이야기

아이들이 중1, 초등학교 5학년인데 아직도 동화 이야기를 좋아합니다. 그래서 가끔 밤에 잠이 들기 전에 아이들과 함께 잠자리에 누우면 내게 이야기를 해달라고 조릅니다.
그들이 가장 많이 들려달라고 요구하는 이야기가 나무꾼과 선녀의 이야기입니다. 이유는 모르지만 이 이야기를 그들은 좋아합니다.
나는 이야기를 시작합니다.

"하늘나라에서 선녀가 땅으로 놀러 내려왔단다... 그런데 몹시 더운 날이었지... 그런데 산으로 놀러 왔는데 보니까 어떤 나무꾼이 목욕을 하고 있었단다..."
"아빠! 목욕은 선녀가 하는 거 아니예요?"
"괜찮다. 더운데 아무나 하면 어떠냐... 그런 거 따지지 말아라... 인생에는 우리가 모를 것이 많이 있단다..."
나는 계속 이야기합니다.

"선녀는 숨어서 나무꾼이 목욕을 하는 것을 구경하고 있었지... 나무꾼이 털이 많아서 참 그게 신기했단다..."
"나무꾼이 털이 얼마나 많았는데요?"
"음... 그런 거 너무 깊이 묵상하지 말아라... 하여튼 선녀가 구경을 열심히 하다가 그만 발을 헛디뎌서 물에 빠지고 말았단다... 그래서 첨벙! 소리가 났지.."
"애구!"

"그래서 그만 선녀는 들켜버린 거야... 그런데 문제가 생겼어... 선녀의 날개가 물에 빠지는 바람에 날개가 젖어서 날아갈 수가 없게 되었단다... 그래서 착한 나무꾼은 선녀에게 와서 손으로 날개를 말려줄려고 자꾸 문질렀어... 그런데 날개가 마르는 것이 아니라... 점점 작아지더니 그게 그만 하나씩 땅에 떨어지는 것이었어..."
아이들은 숨을 죽였습니다.

"그러더니 땅에 떨어진 날개가 조금씩 움직이더니 애기가 되어버린 거야... 그러더니 그 애기들이 나더러 "아빠!" 하는 거였어... 그래서 잘 보니 그게 한 놈은 주원이고 한 놈은 예원이였단다..."
"아빠! 그래서 나무꾼은 아빠고 선녀는 엄마라는 이야기를 하실 려고 하는 거죠?"
"그래... 잘 알고 있구나... 아빠는 그때 열심히 날개를 문지르던 것이 습관이 되어서 너희들을 자꾸 만지고 문지르는 거야... 엄마는 맨 날 밖으로 빨빨 돌아다니지? 그게 다 예전에 날개를 잃어버린 충격으로 날개를 찾으려고 그러는 거란다..."

나무꾼과 선녀이야기의 결론은 항상 똑같습니다.
나무꾼은 아빠고 선녀는 엄마입니다.
그들은 아기를 낳는데 한 놈은 주원이고 한 놈은 예원입니다.
그리고 그날 우리에게 일어난 사건이 있으면 항상 그것은 나무꾼과 선녀이야기에 갖다 붙입니다.

아이들은 깔깔거리고 웃습니다.
아내는 아이들에게 묻습니다.
"너희들은 저 말도 안 되는 이야기가 재미있니?"
아이들은 합창합니다.
"네! 재미있어요!"
말이 되는지 안 되는지는 별로 중요하지 않지요.. 어차피 인생에는 말이 안 되는 일이 많으니까요... 중요한 것은 우리가 무엇인가를 가지고 함께 떠들고 있다는 것입니다.

하지만 나무꾼과 선녀이야기가 정말 말이 안될 때도 있습니다.
며칠 전 일산 호수공원에 아이들과 갔다오고 나는 너무 피곤했습니다.
저녁을 먹는데 어찌나 졸린 지 비몽사몽이었는데 빨리 밥을 먹고 잠을 자고 싶은 생각밖에 없었습니다.
생선을 먹고 있는데 그런데 이 놈들이 또 나무꾼과 선녀이야기를 해달라고 졸랐습니다.
그래서 다시 나무꾼과 선녀이야기가 시작되었습니다.

"선녀가 너무 졸려서 하늘에서 목욕하러 왔단다..."
"졸리면 목욕해요?"
"살다보면 그럴 때도 있단다.. 그런데 목욕하다가 너무 졸려서 그만 생선이 되어 버렸단다..."
나는 먹고 있던 생선을 가리켰습니다.

애들은 눈이 둥그래졌지요...
"그래서 나무꾼은 이 생선을 먹기로 했어... 그러다가 나무꾼은 그만 날개가 생겨서 날아가 버렸단다... 왜냐하면 그들은 너무 졸렸거든... 그래서 다 잠이 들어버렸단다... 정말 슬프고 아름다운, 감동적인 이야기지..."
나는 거기까지 이야기하다가 그만 방으로 들어와 누워버렸습니다.
뒤에서 아내가 "저게 말이 되니?" 하는 소리와 아이들이 "와! 감동적이다!"하는 소리가 들려왔습니다.

말이 되느냐 안 되느냐는 별로 중요하지 않지요.
중요한 것은 내가 지금 졸리다는 것입니다.
그리고 나무꾼과 선녀의 이야기는 우리의 이야기이고 그들은 행복하게 잘 살고 있다는 것입니다.
어차피 인생은 논리가 아니고 사랑하면 행복하게 되지요...
나무꾼과 선녀를 먼저 잠재우고 나도 편히 잠이 들었습니다.
다만 나무꾼과 선녀의 두 열매들은 계속 신이 나서 뭔가를 떠들고 있었지요...
그 천국의 음악 소리와 함께 나는 기분 좋은 꿈속에 빠져 들어갔습니다...

35. 모든 묶임을 풀어주시는 주님

며칠 전 어떤 성도님으로부터 전화를 받았습니다.
이 날은 너무 피곤해서 빨리 전화를 끊고 싶은 마음밖에 없었는데 듣다 보니 이 분의 사연이 참 어처구니가 없었습니다.
그녀는 어떤 개척교회에 다녔었는데 그 교회를 담임하시던 여전도사님으로부터 오랫동안 헌금의 요구에 시달렸다고 했습니다.
그녀는 견디다 못해서 헌금을 약속하고 약속한 금액의 일부인 천 만원의 헌금을 했는데 나중에 남편이 그것을 알고 화가 나서 그녀에게 가서 다시 그 돈을 찾아왔다고 합니다.
지금은 그 교회를 다니지 않지만 그 후로 그들은 경제적으로 많은 어려움을 겪게 되었는데 그녀는 약속한 헌금을 하지 않았기 때문에 그러한 재앙이 오는 것으로 믿고 있었습니다.
나는 어처구니가 없어서 왜 그런 약속을 했느냐고 그녀에게 묻자 그 헌금을 하지 않으면 자식에게 나쁜 일이 생길 것이라고 해서 두려워서 하지 않을 수가 없다고 했습니다.

그녀는 약속한 헌금을 해야 재앙에서 벗어난다는 생각을 가지고 있었습니다. 그러나 그렇게 할 형편도 되지 않았습니다. 그래서 그녀는 두려움과 염려에 사로잡혀 있었습니다.
왜 이렇게 잘못된 가르침을 사람들은 믿고 있을까요...
그리고 이렇게 잘못된 신앙을 가르치는 이들은 왜 그리 많은 지요... 참 답답한 일입니다.

나는 그녀에게 자유함의 신앙에 대하여 이야기를 했습니다.
주님은 가난하시지 않다... 그 분은 천국에서 돈이 없어서 라면만 끓여먹고 있다가 도저히 배가 고파지면 우리에게 손을 벌리시고.. 그렇게 하시지 않는다...
부모의 마음을 모르느냐.. 자식에게 주고 또 주고 또 주고 싶은 것이 부모의 마음이다...
그러므로 두려워서 드리는 헌금은 주님이 받지 않으시며 헌금을 심는다는 사고방식도 잘못된 것이다...
헌금은 투기가 아니며 사랑의 고백이다... 드릴 마음이 없으면 무리하게 드릴 필요가 없으며 감사함으로 드린다면 단돈 1만원도 귀하고 좋은 것이다...

그리고 바른 주님의 종이라면 결코 헌금을 요구하지 않는다... 바른 사역자는 굶어죽는 일이 있더라도 그것을 기뻐하고 감사하지 사람에게 기대지 않는다... 그러므로 그러한 잘못된 요구에 두려워서 응하는 것은 헌금의 의미가 없다...
남편의 속을 썩인 것을 사과하고 그러한 쓸데없는 두려움에서 자유해져라... 주님은 결코 그러한 것으로 징계하지 않으시며 그런 두려움을 품으면 사단에게 틈을 줄 수 있다...

주님의 마음, 아버지의 마음에 대해서.. 그분의 값없이 거저 주시는 은혜에 대해서 나는 계속 이야기했습니다.

그분이 얼마나 후련해하고 기뻐하시는지!
나는 하루의 피로가 다 사라지는 느낌이었습니다.

나는 그녀에게 내 책을 몇 권 선물로 주기로 했습니다.
적어도 주님의 값없이 주시는 사랑에 대해서 알려주고 싶었습니다.
나는 그녀에게 이것은 작은 선물이지만 이것을 통하여 그녀에게 임한 모든 물질적인 재앙과 두려움이 사라지는 하나의 복이며 상징인 것으로 생각하라고 이야기했습니다.
그녀를 축복하는 기도로 전화를 마치면서 그녀가 몹시 행복해해서 나는 마음이 즐거워졌지만 한편으로는 몹시 마음이 상하고 무거웠습니다.

너무나도 놀랍고 아름다우신 주님...
주고 또 주고 모든 것을 주어도
더 주고싶어하시는 주님...
그래서 마지막 피까지 생명까지 주셨던 주님...
우리가 아무리 악하고 더러울지라도
용서하시고 끝없는 사랑과 자비를 베푸시는 주님...
그러나 그 놀라운 주님을
왜 그리 나쁘게 악하게
무서운 분으로 가르칠까요...
그분을 알수록 행복하고
그분과 가까워질 수록
가슴에는 설레임으로 기쁨으로 가득해지는데
우리의 마음을 그분에게서 멀어지게 하는 분들은 왜 그리 많을까요...

아마 그들도 상처가 많아서 그렇겠지요...
사랑의 주님을 잘 알지 못해서
그들도 두렵기 때문에
그렇게 가르칠 수밖에 없겠지요...

나는 아픈 마음으로 잠자리에 들었습니다.
그리고 지금도 그러한 묶임 속에서 힘들게 신앙생활을 하고 있는 모든 분들에 대한 연민의 마음으로 가슴이 아렸습니다.
앞으로 남은 삶... 그러한 묶임과 부자유 속에서 신음하는 이들을 사랑하며 도와야 하겠지요...
그리고 자유케된 그들도 다시 그렇게 묶여있는 이들을 돕도록 해야겠지요...
왜냐하면 주님은 우리에게 해방을 주시며 그분 안에는 진정한 자유함이 있기 때문입니다.
다시 한번 모든 억압에서 우리를 풀어주신 사랑의 주님께 모든 감사와 사랑과 영광을 올려드립니다.
할렐루야...!

36. 햄버거보다 맛있는 예배를...!

오늘은 주일... 항상 아내와 집에서 예배를 드리다가 오늘은 오래 만에 다른 교회 예배를 참관하고 싶은 마음이 있어서 밖으로 나왔습니다.
주변에 좀 알려진 교회가 있었습니다.
비교적 규모가 큰 교회인데 열정적인 교회로서 활발한 활동을 하는 것으로 알려져 있어서 한번 가보기로 했습니다.

그러나 예배 시간 10분 전에 교회에 도착했는데 모인 숫자는 예배당 좌석의 10분의 일이 될까 말까 했고 부흥의 열기는 찾아보기 힘들었습니다. 그저 여기 저기 할머니들이 조금씩 흩어져 앉아있었을 뿐입니다.
예배 시작시간이 지났는데도 사람들은 별로 모이지 않았습니다.
앞에서 전도사님으로 보이는 분이 찬양을 인도하고 있었는데 따라하는 사람은 거의 없었고 찬양을 썰렁하게 부르는 시범을 보이고 있다는 느낌이 들 정도로 예배를 풍성하게 하는 데는 전혀 도움이 되지 않았습니다.

조금 지나자 목사님과 장로님, 성가대원들이 입구에서 당당하게 걸어서 들어왔습니다.
목사님, 장로님의 시커먼 가운... 그리고 성가대원들은 노랗고 초록색이 섞인 가운을 입고 입장을 했는데 그 옷을 디자인한 사람은 색깔 감각이나 미적 감각에 대해서는 초월하고 사시는 분 같이 보였습니다.

어쨌든 마치 경기장에서 선수입장을 하듯이 몇 십명의 젊은이들이 우루루 들어오자 썰렁한 분위기는 좀 나아지는 듯이 보였습니다.
좌석에는 젊은이들은 눈을 씻고 봐도 잘 보이지 않았는데 아마 다 성가대원으로 징발되어서 그런 모양이었습니다.
하여튼 그들이 소리를 빽빽 지르면서 찬양을 했더니 우울한 분위기가 많이 개선되는 듯이 느껴졌습니다.

예배 시작을 하면서 묵도를 한다고 조용히 땡그랑 땡그랑 종소리를 연주했는데 정말 환상적으로 썰렁했습니다.
이 장면에서 아내는 내가 밖으로 나갈까봐 무척 걱정했다고 합니다.
하지만 나는 주님의 고난을 생각하면서 그 썰렁함을 견디어 냈습니다.
오늘이 고난주간이라는 것을 예배 중간에서야 나는 알게 되었습니다.

목사님은 생각보다 젊으신 분이었는데 목소리는 약간 쉰 듯한 소리를 내었는데 조금 자연스럽지 않게 느껴졌습니다.
그는 참회기도를 하자고 몹시 구슬픈 소리를 냈습니다.
모든 성도들은 그 처량한 종소리, 땡그랑 소리와 함께 참회를 시작했는데 나는 정말 마음이 슬퍼졌습니다.
한 주일동안 헤맨 것도 있지만 그래도 용서하시고 받아주시는 주님의 은혜 덕분에 참 마음이 즐겁고 행복한 데 슬픈 목소리로 참회를 하려니 기분이 별로 즐겁지 않았습니다.
간신히 시키는 대로 교독문도 읽고 하다가 자리에 앉았더니 성가대의 찬양시간이 되었습니다.
오늘은 고난주간이라서 그런지 그들도 무지하게 슬픈 목소리로 슬픈 곡

조를 노래했습니다.
무슨 장송곡 같은 분위기였는데 마음이 참 우울해졌습니다. 바깥의 날씨는 참으로 화창하고 맑았는데 이 좋은 날에 모처럼 교회에 왔다가 이렇게 우울한 노래를 들으면서 시간을 보내고 있으려니 참 내 자신이 불쌍하게 느껴졌습니다.

장로님이 대표기도를 했습니다.
나는 어릴 적부터 교회에 다녔는데 약 40년 전부터 들어왔던 기도의 내용이 똑같이 되풀이되는 것이 참 신기했습니다.

찬송을 부르는데 별로 몰두가 되지 않아서 낮은 목소리로 불렀습니다.
아내가 찬송을 부르다가 이상한 목소리가 나는 바람에 끽끽거리고 웃다가 아내에게 꼬집혀서 하마터면 비명을 지를 뻔했습니다.
우리는 조금씩 소곤거리며 이야기를 하곤 했는데 앞자리에 앉은 근엄한 노인이 째러보는 것 같은 느낌이 들었습니다.
나는 바짝 쫄아서 그 다음부터는 딴 짓을 하지 않고 착하게 예배를 드렸습니다.
목사님의 설교시간이 되어있었습니다.
그는 웅변 식으로 설교를 했는데 억양과 톤이 작위적이고 자연스럽지 않아서 자꾸 웃음이 나왔습니다.
아무튼 목사님은 열심히 설교를 하셨는데 그의 인격과 중심이 전혀 흘러나오지 않았고 어색했습니다.
사역자가 어떤 메시지를 마음의 중심으로 전하면 감정의 흘러나옴이 자연스러우며 청중은 자연히 그 분위기에 젖어 들어가게 됩니다.

그러나 심령의 중심에서 나오지 않는 하나의 이론을 전하면 청중들도 같이 냉냉하며 그들의 중심에 타격을 받지 않습니다.
겉은 아무리 웅변적이어도 중심은 요동하지 않고 차가울 수 있는 것입니다.

아내는 울면서 눈물을 닦고 있었습니다.
나는 다행이구나... 은혜를 받았나보다.. 생각했는데 알고 보니 하품을 하다가 눈물이 나온 것이었습니다.
그녀는 아마 예배 후의 외식을 생각하고 위로를 받는 것 같았습니다.
우리는 밖에 나온 기념으로 예배를 마치면 우리의 아지트로 가서 2500원짜리 야채 볶음밥을 먹으러 가기로 했었습니다. 그녀는 그것을 묵상하면서 힘을 얻는 것이 아닌가 싶었습니다. 그녀는 놀고 먹는 것을 무지 좋아하니까요.. 사실 나도 그렇지만...

드디어 설교고문은 끝났고 새 신자 환영시간이 되었는데 우리가 이곳에 처음 온 것을 어떻게 알았는지 모든 인간들이 박수를 치면서 환영 노래를 부르고 꽃을 갖다주며 목사님이 강단에서 내려와 우리에게 인사를 하고 갔는데 얼마나 어색하고 쑥스러운지 까무라치는 줄 알았습니다.
내가 평신도였다면 그러한 일방적인 환영은 아마 다시는 여기에 안 오리라 굳게 결심하는데 크게 기여를 할 것 같았습니다.
한국사람은 일반적으로 낯선 곳, 낯선 사람에게 마음을 열기 어려운데 그러한 것을 이해하지 못하고 자연스럽고 따뜻한 분위기도 아니면서 그렇게 노골적으로 환영을 할 때 그것이 얼마나 당사자에게 불편함을 주는지 잘 모르는 것 같았습니다.

교회가 영적으로나 분위기 파악이나 이렇게 미숙하니 차라리 기업으로부터 교회가 마케팅을 배우는 것도 좀 의미가 있겠다는 생각이 들었습니다.

아무튼 실제의 시간은 얼마 지나지 않았지만 엄청나게 길게 느껴진 예배는 끝이 나고 우리는 잠시만 목사님을 만나고 가야된다는 여기 저기의 유혹을 간신히 뿌리치고 탈출할 수가 있었습니다.
그리고 우리는 자유의 몸이 되었습니다. 자유의 몸으로 마시는 바깥의 공기는 정말 얼마나 향기로웠는지요!
아마 이러한 행복과 자유를 누리고 싶어서 사람들은 예배의 시간들을 잘 참고 견디는 것이 아닌가 싶었습니다.

현대의 예배는 인도자가 말하고 노래하고 거의 혼자 다 하게 되지요... 이를 통해서는 성도의 영이 풀려나올 수 없습니다.
대화는 상호적이지만 설교는 일방적입니다.
그러므로 이 한계를 벗어나기 위해서는 주님의 영이 자유롭게 운행하실 수 있도록 예배의 틀에 어떤 변화를 두어야 할 것입니다.
좀 더 많은 시간을 자연스러운 기도와 찬양으로 모든 사람의 영이 풀려나고 주님의 임재를 경험할 수 있는 예배를 드려야 합니다.
별로 많은 메시지도 필요 없지요...
사실 사람들은 그리 많은 메시지를 소화하지 못하며 그것은 준비하는 목사도 피곤하고 듣는 성도들도 고통스럽습니다.
쉽고 간결한 메시지를 듣고 그것을 실제로 적용하는 것이 중요하지요
찬양은 1-200년 전의 찬양을 그저 꾸준히 드리지 말고 쉽고 현대 감각에

맞는 곡들을 반복해 부르는 것이 좋습니다.
그러면 그 찬양의 순간에 각자의 심령들이 쏟아 부어지고 주님께 의해서 만져진 바 되고 심령이 새로워져서 그 기쁨과 행복을 경험해가게 되지요.
이런 식의 획일적인 예배로는 사람들이 주님을 개인적으로 만날 수 있는 가능성이 거의 없으며 예배 인도자나 청중들은 스트레스나 받을 뿐입니다.

물론 모든 성도들이 다 스트레스를 받지는 않겠지요…
그들은 너무나 착해서 무조건 아멘, 아멘, 하면서 주의 종님, 주의 종님… 하면서 살아왔으니까요…
삶이 힘들고 지쳐도 그저 자신의 죄 때문에 그렇다고 생각하는 착한 사람들뿐이니… 그저 어려워도 팔자라고 생각하며 버티지요…
예배에 같이 동참했던 이들에 대한 연민의 정을 많이 느끼면서 우리는 밖으로 나왔습니다.

곁에, 바로 옆에 계신 주님.. 그 분의 살아 계심, 영광에 대해서 알 길이 없는 그들이 너무 안타까웠습니다.
그저 바로 옆에서 주의 이름을 부르기만 하면
그분을 바라보기만 하면
주님이 임하실 텐데…
이 썰렁한 공간이
축제와 눈물과 감격의 도가니로 완전히 바뀔텐데…
그저 아쉬움만을 안고 교회를 나올 수밖에 없었습니다.

밖으로 나오니 날씨가 몹시 화창했습니다.
사람들은 생기가 있어 보였습니다.
가판대에 물건을 놓고 팔려고 애쓰는 사람들도 지나가는 사람들도 생생해 보였습니다.
교회 바깥의 세계는 밝고 교회는 우중충하고.. 이것을 어떻게 해석해야 하는지.. 참 마음이 안타까웠습니다.

우리는 아들을 불러내어 같이 야채볶음밥을 먹었습니다.
아들놈이 모자란다고 깽깽거려서 우리는 파파이스로 가서 햄버거를 또 사먹었습니다.
치킨 햄버거가 세일기간이라 1000원인데 아주 맛이 있었습니다.
햄버거.. 좋지 않은 음식이라 별로 즐기지는 않지만 가끔 우리의 축제를 위하여 한 자리 끼워주기도 합니다.
창밖에 보이는 거리의 광경을 보면서 우리는 웃으면서 같이 떠들었고 아주 행복했습니다.

아들놈은 얼굴에 여드름이 나기 시작했습니다.
아내는 아들놈의 여드름을 짤 것이 없나 조사한 후에 아직 짤 때가 아니라는 결론을 내렸습니다.
그녀는 여드름을 잘 짭니다.
수시로 나의 얼굴을 살피고 여드름이 짤 것이 있으면 기쁨이 충만해서 그것을 박멸하는데 때와 장소를 가리지 않습니다.
한번은 횡단보도에서 파란 불이 들어오기를 기다리고 있는데 그녀가 나의 얼굴에 여드름을 발견하고 열심히 짜기 시작했지요.. 그녀는 자신이 여드름을 짜기 위해서 이 땅에 태어난 것으로 믿고 있는 것 같았습니다.

파파이스를 나와서 집을 향해 가면서 그런 생각을 했습니다.
예배가... 우리가 여기서 먹고 떠드는 것만큼은 행복해야 하지 않을까?
도대체... 이 기쁘고 좋은 예수를 믿는데 왜 그리 우울하고 썰렁해야 할까...?
주님의 말씀, 그 은혜가... 햄버거보다는 맛이 있어야 하지 않을까...?

언젠가 한국교회에 그러한 아름답고 놀라운 부흥의 역사가 임하는 날이 오겠지요...
나는 그 날들을 기대하고 바라보고 사모합니다...
그리고 믿습니다!
그리고 기도하며...
그 아름다운 나날들을 위하여...
걸어갈 것입니다...

37. 어느 봄날 밤의 리사이틀

아마 92년의 봄이 아니었던가 싶습니다.
나는 그때 부천 근처의 오류동에서 잠시 목회를 하고 있었습니다.
그곳으로 이사간지 얼마 안된 어느 날 저녁, 어디서인가 노래 소리가 들려오는 것이 들렸습니다.
노래... 나는 노래를 참 좋아하지요... 듣는 것도, 하는 것도 참 좋아합니다.
그 노래 소리는 한 사람이 부르는 것이 아니고 여러 명의 젊은이들이 함께 부르는 것 같았습니다.
나는 교회의 창문에서 그 노래 소리가 들리는 쪽을 쳐다보았습니다.
그랬더니 철조망이 쳐져있고 잔디가 깔려있는 가까운 공터에서 10여명의 젊은이들이 모여서 기타를 치면서 노래를 부르고 있는 모습이 보였습니다.

나는 호기심이 생겼습니다.
그냥 괜히 그들의 모임을 구경하고 싶은 마음이 들었습니다.
나는 밖으로 나가서 그들의 근처로 가서 기웃거렸습니다.
리더격의 한 청년이 나와서 무슨 일로 오셨는지 물었습니다. 아마 그들이 노래하는 소리가 너무 시끄러워서 동네 사람이 와서 항의하는 것은 아닌지 걱정하는 것 같았습니다.
나는 그에게 이 동네에 이사 온지 얼마 안되었는데 노래 소리가 너무

듣기 좋아서 왔다고 이야기했습니다.
그러자 그는 반색을 했습니다.
"아! 그러세요! 어서 오세요... 같이 오셔서 소주나 한 잔 하시지요.."

나는 그를 따라 그들 주변으로 다가가서 같이 앉았습니다.
모닥불이 피워져있었고 조촐한 식탁이 차려져있었으며 식탁 위에서 방금 구운 고기, 소주잔, 안주 따위가 널려져 있었습니다.
그는 나에게 잔을 주고 한 잔을 따라 주었습니다.
나는 그에게 미안하지만 술을 못한다고 콜라는 없느냐고 했더니 그는 다시 콜라를 따라주었습니다.
나는 그를 자세히 쳐다보았습니다.
10년 전이니 내가 36살, 그는 나와 비슷한 연배로 보였고 나머지 젊은이들은 모두 20대로 보였습니다. 10여명이 모여있었는데 남자는 그를 포함해서 3명뿐이었고 나머지는 다 아가씨들이었습니다.

그는 그들의 소개를 했습니다.
오류동에 새마을금고의 지점이 세 개가 있는데 오늘은 모처럼 날을 잡아서 친목을 다지려고 단합대회를 하고 있다고 합니다.
나는 방해가 될 것 같아서 나오려고 했습니다.
그러나 그는 굳이 나를 만류하면서 오셔서 즐겁다고 꼭 같이 놀다 가시라고 하는 것이었습니다. 그는 사람이 참으로 따뜻해 보였습니다.
그는 기타를 치면서 노래도 하고 그들에게 이야기도 하면서 모임을 이끌어가고 있었습니다.

그는 새마을 금고의 소장인가 하는 것 같았습니다.
그는 그들에게 이런 종류의 이야기를 하고 있었습니다.
"너희들, 요즘에 힘든 것 안다.. 특히 돼지들이 많이 꽥꽥거릴 때가 있지... (나는 그가 말하는 돼지들이 선배 언니들이라는 것을 나중에 알았습니다.) 하지만 너희들... 이것을 기억해야돼... 우리는 하나라는 것 말이야... 우리가 이렇게 만난 것은 결코 우연이 아니라는 것을 말이야.."
그는 하나라는 의미의 노래도 같이 불렀습니다.
모닥불, 노래, 술기운에 얼큰한 모습들... 나는 이상하게 그들이, 그 분위기가 참으로 아늑하고 따뜻하게 느껴졌습니다. 아마 그러한 분위기는 리더의 영향력인 것 같았습니다.

그러고 있는데 작은 소요가 생겼습니다.
아가씨 중의 하나가 그만 일어나야 한다는 것입니다.
그녀는 교회에 모임이 있어서 가야한다는 것이었습니다.
소장은 인상을 찌푸렸습니다.
그는 그녀가 감으로써 포근한 하나됨의 분위기가 깨지는 것 같이 느껴졌는지 고개를 숙이고 말이 없었습니다.
한참 후에 그는 가까스로 말했습니다.
"현숙아... 꼭 지금... 가야 되냐... 우리가 참 모처럼 만에 만났는데..."
그녀는 미안했던지 고개를 숙이고 말을 하지 못했습니다.
약간 나이가 있어 보이는 자매가 중재를 했습니다.
"오빠... 어차피 갈거면 현숙이 빨리 보내고 우리끼리 재미있게 놀면 되잖아요.."
그는 포기했는지 가는 것을 허락하고 그녀는 인사를 하고 먼저 사라졌습니다.

그리고 나서 화제의 주제는 예수쟁이들이 꼭 화합을 깨뜨린다는 이야기로 이어졌습니다.
그는 혀가 꼬부라진 소리로 이야기했습니다.
"신앙? 그래 좋다 이거야.. 아무도 안 말려... 하지만, 하지만 말이야.. 우리가 함께 산다는 게 뭐니? 응? 우리는 함께 걸어가고 있단 말이야.."
그 안에는 믿는 사람들도 있는 것 같았는데 아무도 말을 못하고 눈치를 보고 있는 것 같았습니다.

그는 노래도 하고 그들에게 이야기도 하면서 나와도 조금씩 대화를 나누고 있었는데 이때쯤 해서 나는 내가 목사라는 사실을 밝혔습니다.
그가 불쾌해하지 않을까 생각했는데 의외로 그는 놀라면서 상당히 좋아하는 것이었습니다.
아마 내가 술을 마시지는 않았지만 그들과 함께 있으면서 같이 이야기하고 웃고 하는 것에서 마음이 열린 것 같았습니다.
그는 자신의 힘든 마음의 상태를 이야기하기 시작했습니다.
의외로 그도 신앙에 대해서 관심을 가지고 있으며 어떤 계기가 없어서 교회에 나가지 않고 있을 뿐이라고 하면서 꼭 도와달라고 거듭 부탁을 하는 것이었습니다.
그는 잘생긴 외모에 참 따뜻한 마음을 가지고 있었습니다.

나는 그와 연락처를 주고받은 후 이제는 가봐야겠다고 생각했습니다.
그래서 그들 전체에게 나의 소개를 한 후 만나서 기쁘다고 이야기하고 가기 전에 나도 노래 한 곡을 하고 가겠다고 했습니다.

그들은 아주 즐거워하며 박수를 쳤습니다. 낯선 이가 그들의 파티에 찬조출연을 한다니까 기분이 좋았던 모양이지요. 그런데 그러면서도 그들은 노래는 좋지만 찬송가는 부르지 말라는 것이었습니다. 분위기가 깨진다는 것이었습니다.

나는 무슨 노래를 할까 생각하다가 찬양을 하고 싶기는 한데 분위기를 깰 것 같아서 고민을 하다가 "주님, 큰 영광 받으소서"를 방언으로 불렀습니다.

그런데 그만 그것이 도화선이 되었습니다.

아가씨들이 '오빠!' '오빠!' 하면서 환호성을 올리기 시작하더니 계속 앵콜을 외쳐대는 것이었습니다.

그래서 엉겁결에 또 한 곡을 했더니 그 다음부터는 신청 곡이 쇄도하기 시작했습니다.

흘러간 옛 추억의 팝송들에 대한 신청 곡이 쇄도하였습니다.

어느 자매는 말했습니다.

"오빠! yesterday 한번만 불러보세요..네? 꼭이요.."

한 곡을 부르면 또 한 곡이 추가되었습니다.

나는 그들에게 조건을 제시했습니다.

나는 목사다, 그러므로 흘러간 옛 노래, 팝송도 부르고 싶지만 찬양하는 노래도 부르고 싶다, 그러므로 그러면 이렇게 하자. 여러분이 원하는 곡을 한 곡 부르고 내가 좋아하는 곡을 한 곡 부르고 그렇게 하면 좋겠다...

그들은 모두 좋다고 박수를 쳤습니다.

그래서 나는 봄날 밤의 리사이틀을 시작했습니다.
프랭크 시나트라의 my way를 불렀고 사이먼과 가펑클의 like a bridge of trouble water를 불렀고 산레모 가요제의 입상곡이었던 "마음은 집시"와 "케사라"를, 존 덴버의 take me home to country road, sunshine on my shoulder 등을 불렀습니다.
찬양으로는 "주님 큰 영광받으소서"와 "하나님 어린양", "나의 맘속에 주님의 사랑이 넘치네", 최덕신의 "나", 밥 피츠의 "사랑하는 나의 아버지"등을 불렀습니다.
대강 20곡 정도를 부른 것 같았습니다.
그들은 같이 박수로 박자를 맞추기도 하며 노래가 끝나면 "와~!오빠!" 하면서 난리를 피워댔습니다. 새마을 직원 단합대회가 졸지에 나의 리사이틀 공연장이 되어버린 것이죠..

이제 시간이 많이 가서 나는 그만 작별을 하고 와야했습니다.
그런데 그들 모두가 '오빠.. 가기 전에 이 곡 한 곡만, 정말 한 곡만 불러줘요.' 하고 요청한 마지막 곡이 있었습니다.
놀랍게도 그 곡은 "실로암"이었습니다.
나는 기타를 빠른 박자로 반주하면서 실로암을 부르기 시작했습니다.
모든 사람들은 다 자리에서 일어나 박수를 치고 춤을 추면서 실로암을 부르기 시작했습니다.

나는 어처구니가 없었습니다.
그들 중에 실로암의 가사를 모르는 이는 하나도 없었습니다.
그들은 아마 다 교회를 다니고 있거나 아니면 한때는 다 교회의 물을 먹은 것 같았습니다.
그들은 다 같이 아주 익숙한 노래를 부르는 것처럼 외쳐대고 있었습니다.

"어두운 밤에 캄캄한 밤에
새벽을 찾아 떠난다.
종이 울리고 닭이 울어도
내 눈에는 오직 밤이었소..
우리가 처음 만난 그때는
차가운 새벽이었소..
당신 눈속에 여명있음을
나는 느낄 수가 있었소.."

이상하게도 나는 눈시울이 뜨거워졌습니다.
타오르는 모닥불, 술기운으로 벌게진 얼굴로 일어나서 춤을 추며 노래하고 있는 젊은이들...
그들은 있는 힘을 다해 악을 쓰듯이 노래를 하고 있었습니다.

"오 주여 당신께 감사하리라...
실로암 내게 주심을...
나에게 영원한 이 꿈 속에서
깨이지 않게 하소서.."

그들은 과연 무슨 노래를 부르고 있는 것일까요...

그들에게 주님은 과연 어떤 존재일까요...
그냥, 그저 단순히 노래가사만을 아무 의미 없이 외치고 있는 것일까요...
아니면, 비록 그들의 겉모습은 주님을 떠나있는 것 같지만
그들의 속 깊은 곳에서는 영혼의 그리움, 주께 대한 열망이 잠자고 있었던 것은 아닐까요...

마지막으로 그 곡을 부르고 나는 그들과 헤어져서 밖으로 나왔습니다.
소장은 바깥까지 전송하러 나왔습니다.
그는 잊혀지지 않는 애절한 표정을 지으며 나의 손을 꼭 잡았습니다.
"목사님... 너무 감사합니다... 저도 꼭 신앙생활을 할겁니다..."
나는 그에게 전도를 하지 않았습니다.
그저 그의 옆에 있어주었고 그의 이야기를 들어주었을 뿐입니다. 그리고 같이 노래했을 뿐이지요... 그러나 그는 강한 인상을 받은 것 같았습니다.

9년이나 지난 한밤의 해프닝... 지금도 가끔 그 날의 일들이 떠오릅니다.
그들은 그 때의 기억을 간직하고 있을까요
그리고 그 형제는 약속대로 신앙생활을 잘 하고 있을까요...
가끔 그가, 그들이 그리워집니다.
노래, 추억, 따뜻함, 그리움들...
그것은 우리의 마음을 부드럽고 풍요롭게 합니다.

복음과 예수를 거부하는 이들은 많지만
따뜻함과 추억, 그리고 그러한 나날들에 대한 그리움을 거부하는 이들은 별로 없는 것 같습니다.

우리가 주님의 따뜻함과 아름다움을 좀 더 경험하고 소유하고 있다면 우리는 우리의 삶 속에 좀 더 소중한 관계들을 많이 가질 수 있을 것이며 좀 더 사람들을 주님께로 이끌 수 있을 것입니다.
그리고..
좀 더 아름다운 추억들을
많이 가질 수 있게 될 것입니다.

38. 계란말이와 주님

초등학교 6학년 때 우리 반에 참 잘생긴 아이가 있었습니다.
그는 공부도 잘했고 얼굴도 잘 생겼으며 집도 부자인 이른바 모범생이었습니다. 나와는 모든 면에서 전혀 다른 신분의 사람이었지요..
같은 남자끼리 좀 이상하기는 하지만 나는 그를 몹시 좋아했었던 것 같습니다.
하지만 나는 그와 친구가 될 수 없었습니다.

나는 공부는 그럭저럭 했지만 삶에 찌들어있었고 우울한 얼굴에 항상 혼자였습니다.
나는 못생겼고 어두웠고 가난했습니다.
담임 선생님은 부잣집 아이와 가난한 집의 아이를 누가 봐도 명백히 드러날 정도로 심하게 차별을 하셨기 때문에 돈을 내는 데는 항상 맨 꼴찌거나 거의 내지 않았던 나는 그와는 가까이 갈 수 없는 신분상의 벽이 있었습니다.
그는 항상 주변의 비슷한 귀족들하고만 웃고 이야기하고 놀뿐이었습니다.

나는 이상하게도 그가 좋게 느껴졌습니다.
아마 그가 가지고 있는 밝음, 행복해 보이는 모습이 부러웠는지도 모르지요..

나는 그에게 무엇인가를 주고 싶었습니다.
하지만 나는 아무 것도 가진 게 없었습니다.
그에게 줄 수 있는 것이 아무 것도 없었습니다.
내가 그에게 무엇인가를 주면 그가 나를 좋아하고 친하게 되리라고는 감히 생각하지 않았습니다. 다만 나도 뭔가 줄 수 있는 것이 있으면 좋겠다는 생각뿐이었습니다.

그런데 어느 날 좋은 기회가 왔습니다.
점심시간에 우리는 가까운 친구들과 도시락을 먹으며 반찬을 나눠먹기도 하였습니다.
나는 변변한 반찬을 싸간 적이 없었고 항상 도시락도 혼자 먹었습니다.
그러나 어느 날 나는 눈을 의심했습니다.
나의 도시락 반찬에 계란말이가 있었던 것입니다.
계란말이 반찬... 그것은 당시의 나에게는 정말 환상적인 반찬이었습니다.

나는 너무 기뻤습니다.
나는 이 맛있는 반찬 정도라면 그에게 줄 수 있을 것이라고 생각했던 것입니다.
그래서 나는 계란을 아주 아껴서 먹었습니다.
아니 아껴먹는 것이 아니라 거의 먹지 않았지요... 거의 맨밥을 먹고 그것을 그대로 남겨 두었습니다.
그리고 나는 그것을 그에게 가져갔습니다.
너무도 자랑스럽게 나는 그에게 계란을 먹으라고 그의 도시락 위에 올려놓았습니다.

그리고 나는 너무나 행복해져서 내 자리로 돌아왔지요...

그러나 나의 행복은 그리 오래가지 않았습니다.
그가 큰 목소리로 소리를 질렀던 것입니다.
"이게 뭐야! 더럽게스리... 거지같은... 다 가져 가!"
그는 내가 준 계란을 나에게로 힘껏 던졌습니다.
그 계란들은 나의 머리와 얼굴에 맞고 바닥에 떨어져 나의 발에 밟혔습니다.
너무나도 창피했기 때문에 나는 숨을 쉴 수도 없었습니다.
나는 그 자리에서 얼어붙은 듯이 움직일 수가 없었습니다. 주위의 아이들이 나를 보고 웃는 것이 얼마나 굴욕적으로 느껴졌는지요..!

나는 그제서야 알게 되었습니다.
내게는 최상의 것이 그에게는 아무 것도 아니라는 것을... 그제서야 비로소 나는 깨달았던 것입니다.
나는 그에게 아무 것도 줄 수가 없었습니다.
내가 가진 것들은 그에게 너무나 초라한 것이었을 뿐입니다.
나는 다시는 그의 근처에도 얼씬거리지 않았습니다. 모욕은 한번으로 족했고 다시는 그러한 경험을 하고 싶지 않았습니다.

나는 사람들에게 많은 것들을 주고 싶었습니다.
그러나 나는 가진 것이 없었습니다.
그래서 나는 오랫동안 나의 성을 쌓고 그 안에 숨어있었고 바깥으로 나오지 않았습니다.

주님의 은혜로 인생의 벼랑에서 그분의 사랑과 은혜를 체험하고 나는 오랜 열등의식에서 벗어날 수 있었습니다.
그리고 비로소 나는 사람들에게 줄 것이 생기기 시작했습니다.
그것은 바로 복음이며 주님의 값없이 주시는 은혜와 사랑에 대한 메시지였습니다.
그리고 그것은 계란말이보다 더 훌륭한 것이었습니다.

지금은 많은 분들이 나에게 전화를 주십니다.
그리고 메일을 보냅니다.
그리고 나의 시간을 빼앗을까봐 주저하면서 가까이 다가옵니다.
나는 그것이 행복합니다.
내가 그들을 돕고 격려하고 기도해줄 때 그들은 울고 웃고 기뻐합니다.
그들은 내가 준 계란을 다시 나에게 집어던지지 않습니다.
그렇게 내가 준 계란을 기쁘게 정성스럽게 먹는 것이 얼마나 내게 기쁨이 되는지요!

누군가에게 뭔가 도움이 될 수 있는 것은 정말 행복한 일입니다. 이제는 너무나 많은 전화와 메일로 인하여 그들을 일일이 돕는 것이 거의 힘들어졌지만 아무튼 위로와 용기를 줄 수 있다는 것은 즐거운 일입니다.

이제 나는 아주 행복합니다.
이제는 사람들에게 줄 것이 생겼기 때문입니다.
나는 이제 더 이상 사람들에게 계란을 주지는 않습니다.
그러나 계란보다 맛있고 영양가가 높은 주님의 생명과 사랑을 주기 위해서 노력합니다.
그것은 정말 아름다운 음식입니다.
사람들은 그 음식을 먹고 즐거워하며 내게 많이 고마워합니다.
그러나 설사 사람들이 그것을 먹지 않고 다시 던진다 하더라도 나는 그것을 계속 줄 것입니다.
왜냐하면 그것은 계란보다 훌륭한 것이기 때문입니다.
인생과 영원을 바꾸는 가장 놀랍고 아름다운 음식이기 때문입니다.

이 아름다운 음식을
좀 더 많은 사람들이
잘 먹을 수 있도록
좀 더 즐겁게 먹을 수 있도록
좀 더 쉽게 먹을 수 있도록
나는 오늘도
요리 공부를 합니다.
참된 양식이신 그분을
직접 먹고 마시면서
나는 맛있는 요리를
열심히 개발합니다.
좀 더 좋은 요리사가 될 수 있도록
나는 계속 이 길을 걸어갈 것입니다...
모든 사람들이
이 음식의 맛에 빠질 때까지
나는 이 길을 걸어갈 것입니다.

우리의 영원한 양식,
최상의 음식이 되시는 주님께
모든 경배를 올려드리십시다!
할렐루야!

39. 아름다운 여행을 위하여

몇 년 전 병상에 있는 어떤 자매에게 병 문안을 갔었습니다.
자매는 내가 목회 하던 교회를 잠시 다닌 적이 있었는데 심장병으로 수술을 하고 회복되는 중이었습니다.
그녀는 모레면 퇴원을 하게 되었기에 나는 가벼운 기분으로 그녀와 농담을 주고받으며 잠시 교제를 하고 병원을 나오려는 참이었습니다.
그런데 그녀가 바로 옆의 침대에 있는 환자를 위하여 기도해줄 것을 요청했습니다.
목사님이 오신다고 하자 옆에 있던 환자의 보호자가 목사님이 오시면 꼭 기도를 해달라고 부탁했다는 것이었습니다.

옆의 침대를 보니 아주머니 한 분과 할머니 한 분이 내가 목사인 것을 알고는 아주 기뻐하며 반기는 것이었습니다.
그러나 환자는 보이지 않았습니다.
사정을 들어보니 정말 가슴아픈 상황이었습니다.
환자는 효선이라고 하는 다섯살 (여섯살? 일곱살? 정확하게 기억이 안나는군요.) 먹은 여자아이였고 심장이 아파서 수술을 했다고 합니다.
그러나 수술이 끝나도 깨어나지 않아 아직까지 중 환자실에 있다는 것이었습니다.
그 두 분은 효선이의 엄마와 할머니였습니다.

그들은 집이 대구라고 했습니다.
의지할 곳은 주님 밖에 없는데 서울에는 아무도 아는 사람이 없고 아는 목사님도 없어서 기도를 받고 싶어도 받을 수가 없다고 나보고 꼭 기도해달라는 것이었습니다.
그들의 근심과 눈물로 가득한 얼굴을 보니 나도 같이 눈물이 나왔습니다.
나는 그들에게 주님은 빛이신 것을 이야기했습니다.
그리고 빛 되신 주님을 바라보고 그분께 아이를 맡기라는 이야기를 했습니다.
그리고는 간절하게 기도를 해 주었습니다.
그들은 연신 눈물을 닦으며 아멘! 을 연발하더니 죄송하지만 나중에 한 번만 더 오셔서 기도해달라는 부탁을 거듭하는 것이었습니다.
나는 그러겠다고 대답하고 병원을 나왔습니다.

그런데 며칠 후 나는 다시 그분들로부터 애절한 전화를 받았습니다.
의사가 오늘 넘기기가 어려울 것 같다고 하니 제발 마지막으로 기도를 한번만 더 해줄 수 없느냐는 것이었습니다.
중 환자실이라 면회가 하루에 10분씩 두 번 밖에 안되지만 자기들이 잘 이야기할 테니 꼭 중 환자실에 들어가 아이 옆에서 기도를 한번만 해달라는 것이었습니다.

나는 망설였습니다.
나는 확실히 간다고 이야기하지 않고 전화를 끊었습니다.
나는 자신이 없었습니다.

내가 기도한다고 해서 그 아이가 회복된다는 보장도 없었습니다. 믿음도 별로 생기지 않았습니다.

나는 환자에 대하여 어느 정도 기도해준 경험도 있었으나 뚜렷이 치유된 사례는 별로 없는 것 같았습니다.

기도를 해주면 사람들은 어떤 증상이 부분적으로 호전되고 통증이 완화되거나 마음이 평안해지는 등의 효과는 느끼곤 했지만 극적인 회복의 사례는 별로 보지 못했고 나는 육체적인 치유사역에 부름을 받은 것은 아니라는 생각을 가지고 있었습니다.

그래서 나는 완곡하게 거절을 표시했는데 옆에서 내 이야기를 듣고 있던 아내는 나보고 가라고 자꾸 채근하는 것이었습니다.

"여보.. 낫고 안 낫고는 하나님께 맡기세요... 그들이 마지막 소원이라고 하잖아요... 그러니 가서 기도하고 위로해주고 오세요.."

나는 망설였습니다.

"하지만... 자신이 없는걸... 믿음도 안 생기고... 아무런 도움도 안 될 것 같아..."

"여보.. 우리도 같이 기도할 테니 다녀와요... 아는 분을 모아서 같이 기도하고 있을 께요.."

그녀의 말에 용기를 얻어서 나는 병원에 가기로 했습니다. 아내는 주위의 집사님들과 같이 모여서 중보 기도를 하기로 했습니다.

버스를 타고 가면서 나는 어떻게 기도를 해야하는지 주님께 계속 물었습니다.

그런데 주님께서 야이로의 딸을 살리시는 장면이 마음속에 계속 떠오르는 것이었습니다. 아이야.. 내가 네게 명하노니 일어나라... (막5:41) 그 말씀이 계속 머리에 스치고 지나갔습니다. 나는 병원에 가서 그대로 기도 하리라 마음을 먹었습니다.

병원에 도착하여 곧바로 중 환자실을 찾았습니다.
아이는 아직도 의식이 없었고 스스로 호흡을 할 수 없어서 기계로 아이의 코에 산소를 넣어주고 있었습니다.
아이의 코에는 산소호흡기와 연결된 줄이 매달려 있었는데 아이가 호흡의 수치가 100이 되어야 의식이 깨어나고 일반 병실로 올 수 있다고 하였습니다.
기계가 코에다 산소를 넣어주는 힘이 50, 그리고 스스로 할 수 있는 호흡의 힘이 50, 그렇게 해서 100이 되어야 중 환자실에서 나올 수 있다는 것입니다.
그런데 이 아이의 호흡치수는 지금 75까지 떨어져있었습니다.
나는 그 호흡의 치수가 85에서 숨이 멎어서 하늘나라로 간 어떤 자매의 이야기를 알고 있었습니다. 그래서 호흡치수 75가 의미하는 것이 무엇인지 알 수 있었습니다. 즉 이 아이는 거의 죽어있는 것이었습니다.

의사는 오늘을 넘기기 어렵다고 준비를 하라고 하였습니다. 전해 듣기로는 무엇인가가 막혀 있는데 그것이 무엇인지 모르겠다고 의사 생활 30년에 이런 경우는 처음이라고 하였다고 합니다.
믿음이 별로 없는 상태에서 그런 이야기를 들으니 더욱 힘이 빠지는 것을 느꼈습니다.

나는 조용히 이 어린아이를 바라보았습니다.

그 아이는 온몸에 온갖 복잡한 기계들과 연결되어 있었고 입, 코 등에 여러 가지 관들이 꽂혀있고 붕대로 칭칭 동여매어져 있어서 그 모습이 너무 애처로와 눈으로 보는 것만도 가슴이 찢어지는 것 같았습니다.
아이는 너무나 조그마했습니다.
한참 뛰어 놀, 즐겁고 재미있게 놀면서 사랑을 받고 재롱을 부릴 나이에 아이는 이런 고통을 받고 있는 것입니다.
효선이는 교회에 가는 것을, 예배드리는 것을 너무나 좋아한다고 하였습니다. 찬양을 하면 신이 나서 춤을 추며 어른들, 할아버지, 할머니들에게 전도도 열심히 한다고 천사와 같다고 했습니다.
그런데 그렇게 착하고 아름다운 아이가 이렇게 비참하게 누워있는 것입니다.

나는 그 아이가 너무 애처로왔고 사랑스러웠습니다.
그저 가만히 안아주고 싶었습니다.
그러나 아이를 만질 수는 없었습니다.
의사와 간호원들이 엄중하게 주의를 주었기 때문입니다.

나는 조용히 아이를 위해 기도를 하기 시작했습니다.
"주님... 이 아이는 당신의 것입니다...
그러므로 이 아이를 당신께 의탁합니다...
그리고 주님...저는 지금 이 순간에...
당신의 이름으로 당신의 일을 선포하겠습니다.
당신은 당신의 이름을 의탁하셨기에 주의 이름으로 저는 명령하겠습니다..."

그리고 나서 나는 조용한 목소리로 이야기했습니다.
"아이야... 이제 일어나거라...
어서 잠을 깨고 일어나거라...
주님이 너를 부르신다..."
그러나 아무런 일도 일어나지 않았습니다.
그런데 동시에 이 아이를 감싸고 있는 어떤 어두움의 세력이 느껴지는 것이었습니다.

나는 다시 조용히 악의 세력을 결박했습니다.
"악한 영아. 내가 예수의 이름으로 명령한다. 이 아이를 붙잡고 있는 악한 세력들은 사라져라. 이 아이를 놓아라. 주님께서 명령하신다..."
나는 이것을 2-3회 반복했습니다.
그런데 바로 그 순간 놀라운 일이 일어났습니다.
죽은 듯이 움직이지 않던 아이가 갑자기 고통스러운 듯이 몸을 비틀기 시작하더니 갑자기 입에서 피를 토하는 것이었습니다.
아이는 시뻘건 핏덩어리를 토해냈습니다.
그 시뻘건 덩어리가 아이의 호흡을 꽉 막고 있었던 것이며 악한 기운이 나가면서 그 막힌 것도 같이 터져 나왔던 것입니다.

갑자기 중 환자실이 난리가 났습니다.
의사와 간호사가 뛰어왔습니다.
그들은 내가 아이를 막 눌렀거나 어떻게 한 줄 알고 마구 신경질을 냈습니다.
그리고 그들에 의해서 우리는 다 밖으로 쫓겨났습니다.

나는 안타까웠습니다.
그들은 아이가 죽어도 아무런 책임을 지지 않습니다.
이미 아이는 회복의 기미가 없다고 이야기해놓고 있는 상태였습니다.
그러나 그러한 상황에서도 하루에 2번 10분간의 면회시간은 어떤 일이 있어도 지켜야 합니다. 이는 정말 아이러니가 아닐 수 없습니다.
경직된 의학의 체제는 경직된 종교의 체제와 같이 사람을 살리는 것을 오히려 방해할 수가 있는 것입니다.

나는 아이의 어머니와 할머니와 같이 바깥으로 나왔습니다.
그들은 이미 흥분되어 있었습니다.
아이의 어머니는 그런 이야기를 했습니다.
교회에 그저 다니기는 했지만 하나님의 존재에 대한 확신이 없었다고..
그러나 목사님이 기도하시는 것을 보면서 하나님이 살아 계신다는 것을 이제 확신한다고...

나는 그녀들에게 마음의 법칙에 대하여 이야기해주었습니다.
아이의 엄마는 마음이 불안과 두려움으로 가득 차 있었는데 그러한 마음과 그러한 마음으로 드리는 기도는 오히려 악한 에너지를 불러일으키며 치유의 기운을 막는다는 이야기를 했습니다.
그러므로 주님의 빛을 바라보며 평화로운 마음과 감사하는 마음을 가져야 하며 이를 통해서 주님이 임하실 수 있다는 이야기를 계속 해주었습니다.
그들은 얼마나 기뻐하는 지요... 그녀들의 얼굴이 조금 전의 비통함에서 바뀌어져서 기쁨으로 환하게 빛이 나는 것이 눈에 너무나 선명하게 드러날 지경이었습니다.

아이의 엄마는 마음이 너무 기쁘다고, 평안하다고 아주 즐거워하는 것이었습니다.

나는 기쁘고 감사한 마음으로 집으로 돌아왔습니다. 아내는 그 동안 열심히 기도하고 있었습니다.

아이는 그 때부터 회복되기 시작하였고 그날 밤 아이의 호흡수치는 95까지 올라갔습니다.

며칠 후 나는 새벽에 아이의 할머니의 전화를 받고 깨었습니다.

그녀는 연신 "할렐루야!" "우리 하나님 너무 멋쟁이!" 라는 감탄사를 외쳐댔습니다. 아이는 그 날 일반병실로 옮겨졌다고 했습니다.

나는 할머니의 이야기를 들으면서 울었습니다.

그저 주님의 은혜가 감사하고 행복해서 그냥 울었습니다.

할머니에게 그저 "감사합니다..." 그 이야기밖에 아무 것도 할 말이 없었습니다.

얼마 후 나는 아내와 함께 곰 인형을 사들고 아이에게 한번 더 위문을 갔습니다.

나는 아이를 안아주고 아이를 위하여 한번 더 기도를 했습니다.

아이는 기도보다도 곰 인형에 더 관심이 있는 것 같았습니다.

아직 충분히 회복되지는 않았지만 곰 인형을 붙잡고 있는 아이를 보면서 나는 마음이 얼마나 행복했는지 모릅니다.

시간이 좀 지나 할머니에게서 전화가 왔습니다.

효선이가 아주 건강하게 잘 뛰어 놀고 있다면서 감사를 표했습니다. 목사님 덕분에 아이가 살아났다는 이야기를 빼놓지 않았습니다.
글쎄요... 과연 그럴까요...
나는 나의 기도로 인하여 아이가 살아났다고 생각하지 않습니다. 나의 기도에도 불구하고 죽은 사람도 많았습니다.
그 아이에 대한 주님의 계획이 아직 더 남아있었기 때문일 것입니다.
나는 솔직히 믿음도, 확신도 없었습니다.
그러나 아내와 주변 사람들의 중보 기도, 그리고 목사가 기도하면 하나님이 들으신다고 순박하게 믿고 있는 아이의 엄마와 할머니의 믿음, 또한 아이를 살리기 위하여 최선을 다한 의사 선생님들의 손, 그것들을 통해서 주님이 역사하셨을 것입니다.

이것은 참으로 기쁜 일입니다.
그러나 슬픈 소식도 있었습니다.
아이를 소개했던 그 자매는 수술의 후유증이 심각해지더니 갑자기 하늘나라로 먼저 여행을 떠났습니다.
그녀는 하늘나라로 가기 전날 밤 나를 열심히 찾았다고 합니다. 기도를 받고 싶다고 했다고 합니다.
그러나 나는 그때 집에 없었고 나중에야 그녀가 떠난 소식을 들었습니다.
내가 가봤자 무슨 도움이 되었을까요... 그러나 마지막 떠나는 그녀를 위로하고 축복해주고 배웅해주지 못한 것은 너무나 마음이 아픈 일이었습니다. 그녀는 불과 20대 초반이었던 것입니다.

그렇지요... 삶에는 많은 고통스러운 일들이 있습니다.
나는 너무나 사랑했던 젊은이들을 1년도 안 되는 기간에 4명이나 떠나 보냈던 적도 있습니다.
죽음... 그것은 멀리 있는 듯이 보이면서도 사실은 아주 가까이 있는 것입니다.
한 때 그러한 일들은 나에게 삶의 의욕을 아주 상실케 했습니다.
나는 그 때에 나의 생명도 같이 죽었다고 느낄 정도로 모든 기력을 잃었고 수분이 내 몸에서 다 빠져나갈 정도로 울었습니다.

그러나 이제는 그 모든 것들이 아름답다고 생각합니다.
많은 어려움들을 통과하고 이제는 삶의 고통과 환희에 대해서 조금 둔감해졌습니다.
죽음도 삶도 별것은 아닙니다.
오직 사나 죽으나 내 안에서 그리스도께서 존귀케 되어야 하고 이것만이 우리의 삶의 의미인 것입니다.

우리는 모두 여행중입니다.
빨리 부름을 받든
천천히 부름을 받든
그것이 중요한 것은 아닙니다.
다만 살아있는 동안에
좀 더 사랑하고
좀 더 순종하며
좀 더 영적인 성숙을 이루며

좀 더 주님을 향해
나아가야 하겠지요…
언젠가 주님 앞에 서는
그 날이 부끄럽지 않도록
오늘도 우리는
아름다운 믿음의 여정을
걸어가야 하는 것입니다.

40. 자연과 하나님의 임재

아침에 늦잠을 즐기면서 이불에서 떼굴떼굴 구르고 있는데 아내가 들어왔습니다.
"여보, 당신 많이 피곤해요?"
나는 대답합니다.
"아니... 별로..."
"잠 자는 것 보니까 정신 못 차리고 자던데?"
"음... 나는 원래 잘 때는 정신을 못 차리고 자..."
아내는 웃더니 밖으로 나가려고 했습니다.
아내는 아침마다 아는 아줌마와 산에 가는데 그 아줌마가 일이 있어서 오늘은 혼자서 간다고 합니다.
"그래? 그럼 내가 동무해줄까?"
아내는 아주 좋아합니다.
그래서 나는 아내와 함께 근처의 산으로 갑니다.

우리가 사는 곳은 불광동, 집에서 5-10분만 가면 나무가 울창한 산이 나오지요... 북한산 줄기와 맞닿아 있어서 휴일에는 등산객들이 아주 많이 옵니다.

바깥 날씨가 화사하고 아주 좋습니다.
길을 걷다가 아내의 손을 잡았더니 아내는 내 손을 들어서 던져버렸습니다.
"적들이 봐..."
불쌍한 내 손을 혼자 잡고 나는 묵묵히 아내를 따라갑니다.

아내는 산으로 가면서 연신 감탄입니다.
"와! 진달래 꽃 좀 봐!"
"와... 개나리가 참 예쁘다!"
"저기... 목련꽃..."
나는 대충 쳐다보면서 갑니다.
나는 걸으면서 주님의 임재를 누리는 훈련을 하고 있는 중이지요...
걸어가면서 심령에 느껴지는 주님의 강력한 기름부음, 임재.. 그것을 놓치지 않으려고 하다보니 바깥에 보이는 것에는 조금 둔감해지게 됩니다.
사람은 누구나 바깥에 몰두하면 안에 둔해지고 안에 몰두하면 바깥에 둔해지지요...
주님을 소멸하지 않으려고 조심스럽게 걷다보니 아내의 걸음에 조금 뒤쳐지게 됩니다. 그녀는 걷다가 조금씩 기다리며 나와 보조를 맞춥니다.

따뜻한 햇살...
그것은 사람의 마음을 평화롭게 해 줍니다.
봄의 따뜻한 바람, 햇살...
그것은 주님의 은혜와 사랑을 보여주는 것입니다.
가을이나 겨울의 햇살과 바람은 진리의 빛을 보여줍니다.
여름의 뜨거움과 겨울의 찬 바람은 하나님의 권능과 관련이 되어 있습니다.

사람들은 눈에 보이는 대 자연을 통해서 휴식과 즐거움을 느끼지만 사실은 그 배후에 하나님의 임재가 있으며 그것이 그들을 치유하는 것임을 알지 못합니다.
그러나 영이 민감해지게 되면 꽃들과 나무들이 항상 하나님을 찬양하고 있으며 그를 통하여 하나님의 영광이 그들 가운데 머물고 있음을 알게 됩니다. 그러므로 우리는 자연 속에서 안식할 수 있는 것이지요.

언젠가 나는 지하의 교회에서 깊이 기도하는 중에 누군가가 서로 소곤거리며 이야기하는 대화를 들은 적이 있었습니다.
하나는 조금 불평어린 톤으로 말을 하고 있었지요...
"나는 내 팔자가 왜 이리 한심스러운지 몰라.
언제까지 이렇게 햇볕도 안 들어오는 우중충한 곳에서 항상 살아야 한담..."
그러나 다른 하나의 이야기는 참 밝았습니다.
"하지만 나는 그래도 즐거워. 우리가 이곳에서 하나님을 찬양하는 도구가 된 것이 즐겁지 않니? 우리도 예배의 도구란 말이야..."
나는 놀라서 주위를 둘러보았지요. 왜냐하면 주위에는 아무도 없었기 때문입니다.
그리고 나서 나는 비로소 내 주변에 있는 꽃들이 그렇게 이야기한 것임을 알게 되었습니다.
정신을 차리고 나니까 그들의 이야기는 더 이상 들리지 않았습니다.
그리고 나서 나는 그들도 항상 주님을 찬미하고 있다는 것을 알게 되었고, 각 꽃들도 의식이 있고 개성이 있는 것을 알게 되었습니다. 물론 이 이야기는 믿거나 말거나 입니다... 또 내가 착각해서 잘못 들었거나 아니면 잠시 꿈을 꿨는지도 모르니까요...
하지만 나는 마음을 집중하면 그들, 꽃, 나무들의 강력한 에너지를 느낄 수 있었습니다.
언젠가 내가 충격으로 마음과 몸이 많이 아파서 거의 활동할 수 없었을 때 나는 산으로 자주 갔습니다.
그리고 산 속에서 누워있으면 나무 속에서 아주 강력하고도 신선한 힘, 에너지가 파도치듯이 내게 들어오는 것을 너무나 선명하게 느꼈습니다.
아내는 내가 너무나 분명하게 힘을 얻는 것을 보고 놀랐습니다. 좀 전의 다 죽어가던 사람이 갑자기 생생해지곤 했으니까요...
산에서 집으로 온 후에도 심지어 나는 산을 생각만 해도 그 신선하고 아름다운 에너지의 파동이 내게 임하는 것을 느낄 정도였습니다.
물론 모든 산, 모든 나무들이 다 생기있는 것은 아닙니다. 많이 지치고 힘든 나무, 꽃들도 많습니다. 그 이유는 알 수 없지만 말입니다.
아마 나쁜 에너지의 파동이 많은 사람들이 지나가고 나면 나무들은 그것을 정화시키는 데 시간이 걸리는 것이 아닌가 싶습니다.

우리가 보는 대 자연에는 하나님의 임재와 영광이 가득차 있습니다.
그러므로 사람은 자연과 멀어질수록 그 영혼이 황폐해지고 자연과 가까워질수록 따뜻하고 자연스러우며 행복한 사람이 됩니다.
바람, 기후, 날씨, 지리적 특성... 이 모든 것들은 하나님의 계시와 예언과 진리와 상관이 있으며 영혼들이 병들었을 때 이런 것들도 같이 신음하며 자연에 드러나게 되는 것입니다.

가까운 언덕에 기껏 1시간 정도 다녀왔지만 마음은 한결 개운했습니다.

좀 더 침묵 속에서 주님의 깊은 영을 경험하고 싶었지만 아내가 계속 이야기해서 그것을 듣다보니 깊이 들어가기는 어려웠습니다.

온 우주, 그 모든 것들은 질서를 지키며 주님의 법칙에 순종하며 행복하게 운행합니다.
그러나 오직 인간만이 스스로 주인이 되어서 멋대로 움직이며 그 결과로 영혼이 파괴되어 불안, 초조, 긴장, 미움... 온갖 어두움의 상념 속에서 삽니다.

자연을 접할수록
우리는 우리가 얼마나
주님의 영광으로부터 멀리 떨어져 있으며
불안하게 살고 있는지
알게 될 것입니다.
그리고 묵묵히 그 자리에 있는 자연처럼
우리의 영혼이 주님 앞에서 묵묵히 있을 때
그저 조용히 그분을 예배하며
조용히 그분만을 의탁할 때
가장 평화롭고 행복할 수 있음을
깨닫게 될 것입니다.

오, 주님.
우리가 주님 앞에 엎드리며
주님을 조용히 기다립니다.

저 산과 들의 나무, 꽃처럼
우리의 마음이 평화롭게 하옵소서.
그리고 온 천하의 만물이
당신을 예배하는 것처럼
우리의 마음에도
예배와 사랑의 마음으로
가득차게 하옵소서.
그것이 우리의
간절한 소원입니다.

2001. 4. 17

대자연 속에는 이를 지으신 하나님의 임재가 있습니다. 그래서 우리는 자연을 접할 때 마음의 평화와 치유를 느낍니다. 자연을 멀리할 때 마음이 바쁘고 복잡해지지요. 그러므로 자연 속에서 주님의 임재를 누린다는 것은 너무나도 행복한 일입니다.

41. 유머와 행복

오늘도 아내와 같이 산에 다녀왔습니다.
내일 광명시에 있는 세계 영성원에서 집회가 있어서 컨디션을 조절해야할 것 같아서 입니다.
집회를 오래 동안 하려면 아무래도 힘이 있어야 되겠지요...
그러나 집회를 잘하려면 더 중요한 것은 재미있게 놀아야 한다는 것입니다.
그런데 재미있게 놀기 위해서 중요한 것이 유머이지요...

나는 산에 가면서 아내에게 물었습니다.
"여보 두발로 걸어다니는 오리 이름이 뭔지 알아?"
그녀는 한참 고민을 하더니 신이 나서 이야기했습니다.
"아! 알았다... 도날드 덕!"
나는 점잖게 대답했습니다.
"오리는 다 두발로 걸어..."
그녀는 또 당했다고 나를 경건하게 째려보았습니다.

산 위의 높은 곳에서 아래를 바라보면서 나는 가끔 시를 짓곤 합니다.
지난 여름에 내가 지은 시가 생각납니다.
나의 독자 아내 옆에서 나는 시를 지었습니다.
마침 김밥을 싸 가지고 가서 먹고 난 다음이라 나는 김밥에 대해서 시를 지었습니다.

산 위에서 먹는 김밥 시원한 김밥...
그 김밥은 좋은 김밥 고마운 김밥...
여름에 나무꾼이 나무를 할 때
이마에 씻은 땀을 씻어주는 김밥...
옆구리가 터져도 아름다운 김밥...

아내는 비명을 지르며 다른 시는 없느냐고 묻습니다.
캔 커피를 마신 다음이라 나는 커피에 대한 시를 짓습니다.

산 위에서 먹는 커피 시원한 커피...
그 커피는 좋은 커피 고마운 커피...
여름에 나무꾼이 나무를 할 때...

아내가 제발 다른 시를 들려달라고 해서 나는 다른 시를 짓습니다.

이슬비 내리는 이른 아침에
토끼 셋이 나란히 걸어갑니다.
빨간 토끼 노란 토끼 찢어진 토끼...

아내가 제발.. 더 이상 못 듣겠다고 애원해서 나는 엉터리 시 짓기를 그만 중단합니다.

오늘은 참 좋은 날씨입니다.
맑은 하늘, 따뜻한 봄바람, 사랑하는 주님, 아내, 그리고 유머...
오늘도 참 행복한 날인 것 같습니다.

2001. 4. 18

웃음은 행복입니다. 특히 가족끼리 같이 놀면서 웃는 것은 너무나도 아름답고 행복한 일이지요... 가족, 사랑, 웃음.. 그것은 우리의 삶을 항상 풍요롭게 해주는 단어입니다. 우리의 아지트인 독립문에서 찰칵.

42. 이름을 부르며 불리워지는 행복에 대하여

아내가 나를 부르는 호칭은 참으로 다양합니다.
우리가 연애하던 시절, 같이 알던 어떤 형제, 자매가 결혼을 해서 우리가 그 집에 방문을 한 적이 있었습니다.
그런데 그 신혼부부가 결혼한 지 며칠이 되지도 않았는데도 자매가 형제에게 "여보."라고 부르는데 얼마나 환상적으로 소름이 끼치고 징그러운지 까무러칠 뻔했습니다.
그들은 선을 봐서 만난 지 얼마 되지도 않았는데 말입니다.
그래서 우리는 결혼 한 후에 저런 끔찍한 언어는 사용하지 말자고 합의를 보았습니다.

그래서 나는 결혼을 한 후에 아내가 나에게 뭐라고 부를 지에 대해서 참으로 궁금했습니다.
결혼을 해서 내가 깨닫게 된 것은 아내는 사전에 없는 말을 만들어내는데 일가견이 있는 신조어의 명수라는 사실이었습니다.
그녀가 나를 부르는 호칭은 전혀 예측할 수가 없었고 종류도 많았습니다.
결혼 초기에 그녀는 나를 "아찌야..." 라고 불렀습니다.
아찌는 아저씨라는 말인 모양입니다.
그런데 그 즈음에 칼기 폭파사건이 일어났는 데 남파 간첩인 김현희와 같이 그 일을 했던 사람이 하치야 신이찌라는 사람이었습니다.

아내는 "아찌야"와 "하치아 신이찌" 라는 이름이 비슷하다고 나보고 "아찌야 신이찌야"라고 부르기 시작했습니다.
그러더니 좀 지나니까 길어서 귀찮았는지 "신이찌야" 라고 부르기 시작했습니다.
나중에는 그것도 긴지 "이찌야" 혹은 "찌야" 라고 부르게 되었습니다.

예를 들면 이런 식입니다.
TV 광고에서 한번은 "여봉 쥬스"라는 말이 나왔던 것 같은데 그녀는 그 후로 나를 '여봉아, 쥬스야'라고 불렀습니다.
그 후에는 "여봉쥬스야"라고 불렀습니다.
그 다음에 그 말은 다시 "봉쥬스야"로 짧아졌습니다.
그 다음에는 "봉아..."나, "쥬스야..." 라고 부르게 되었습니다.
요즘 아이들도 가끔 내게 와서 과일을 갖다주면서 "봉아..." "쥬스야..."하기도 합니다.
내가 왜 봉이고 쥬스인지는 모르지만 하여튼 그렇게 부릅니다.

그녀의 신조어는 그것 뿐이 아닙니다.
그녀는 아이들을 "농고야, 까루야.."라고 부릅니다.
그게 무슨 뜻인지는 모르지만 애들을 보면서 "애구..우리 까루..." 합니다.
그러면 애들은 "엄마, 무슨 까루야? 밀가루?" 하고 묻습니다.
여름에 몹시 더운 날에 시원한 바람이 불면 그녀는 "와~
시원 꼴랑 꼴랑이다.." 합니다.
바쁠때는 그냥 "꼴랑 꼴랑이다~"하기도 하지요...
꼴랑이 뭐냐고 물으면 그냥 꼴랑이라고 합니다.

이렇듯 그녀의 언어 사용은 예측을 불허하기에 나는 앞으로 그녀가 나를 뭐라고 부를지 그것이 어떻게 변화되어 갈지 알 길이 없습니다. 그것은 하늘의 천사도 모르고 오직 아버지만이 아시겠지요...
다만 어떻게 어떤 용어를 사용하든 그녀의 표현에는 항상 애정과 신뢰가 담겨있음을 압니다.

우리만의 용어로 사랑하는 사람을 부르는 것은 참으로 즐거운 일이겠지요...
그렇기 때문에 우리는 우리만의 용어로 주님께 사랑을 고백하고 표현하는 것을 날마다 발전시켜가야 하는 것이 아닌가 싶습니다.
모두가 사용하는 너무나 뻔한, 상투적인 용어가 아닌 나만의 표현, 나만의 간절함과 진실함이 들어있는 표현을 말입니다.
사랑하는 이의 이름을 부르고 사랑하는 이에게서 이름이 불리워지는 것... 그것은 행복입니다.
주님의 이름을 부르고 주님께로부터 내 이름이 불리워지는 것... 그것은 행복입니다.
주님의 음성에는 그분의 사랑과 은혜, 끝없는 자비가 포함되어 있기에 그분의 음성을 듣는 것은 가장 아름답고 황홀한 행복인 것입니다.
여러분 사랑합니다... 꼴랑꼴랑...

2001. 4. 18

43. 몸의 의식을 벗어야 합니다.

아내는 더운 것을 잘 못 참습니다.
더운 것 뿐만 아니라 추운 것도 못 참습니다.
그녀는 내가 날이 더운데도 점퍼를 그대로 입고 있으니 제발 좀 벗으라고 덥다고 벗겨서 가지고 갑니다.
나는 더우나 추우나 그대로 가만히 있는 편입니다.
왜냐하면 그러한 인내 훈련이 곧 영성훈련이라고 생각하기 때문입니다.
영성훈련이란 곧 일상의 삶 자체이며 어떤 특정한 곳에서 돈을 내고 받는 훈련은 아닌 것입니다.

우리가 춥다고 느낄 때 그것은 우리의 몸이 추운 것이지 우리가 추운 것이 아닙니다.
우리가 덥게 느낄 때 그것은 우리의 몸이 더운 것이지 우리가 더운 것이 아닙니다.
우리가 배가 고플 때 그것은 우리의 몸이 배고픈 것이지 우리가 배고픈 것이 아닙니다.
우리가 아프거나 죽게 될 때 그것은 우리의 육체가 아프거나 죽는 것이지 우리의 영혼, 곧 우리의 본체가 아프거나 소멸되는 것이 아닌 것입니다.

우리는 하나님의 형상으로 창조된 영원 불멸의 존재이며 그렇게 쉽게 망하고 깨지고 하는 그런 유한한 존재가 아닙니다. 우리는 신적인 존재이며 놀랍고 영광스러운 존재입니다.

그러나 우리는 몸의 감옥 속에 잠시 머물러 있는 동안 우리의 몸에 대한 지나친 인식 때문에 우리가 영적이며 영적인 존재이며 무한한 존재임을 잊어버리고 유한한 몸의 의식에 사로잡혀 비참하게 삽니다.

그러므로 이 유한한 몸에 대한 것과 우리 자신을 분리시키는 의식의 훈련이 얼마나 중요한지요!

이 보잘것없는 몸이 우리의 본체가 아니며 잠시 걸치는 옷임에 불과한 것임을 우리가 인식하고 그 의식... 영혼 의식이 선명해질수록 우리는 자유롭게 될 것입니다.

우리는 죽지 않으며 썩지 않으며 쇠하지 않습니다.

몸은 죽여도 영혼을 죽이지 못하는 세상의 많은 걱정거리를 안고 사는 것은 실로 어리석은 일입니다.

오늘날의 기독교가 몸의 필요에 대하여 지나치게 민감한 것도 사실 부끄러운 일입니다.

몸이 아프면 하늘이 무너진 양 걱정하고 돈이 없으면 지옥에 떨어진 양 괴로워하는 것은 의식의 수준이 몸의 상태를 벗어나지 못하고 있기 때문입니다.

우리의 의식이 몸에서 벗어날수록 우리는 영원과 주님의 임재에 대하여 민감해집니다.

우리의 영이 눈을 뜨고 주님의 깊은 임재를 경험해갈수록 우리는 바깥일에 대하여 그리 예민하게 반응하지 않을 것입니다.

세상에는 항상 바람이 불고 오늘도 내일도 많은 바람이 지나가겠지요..
전쟁도 사랑도 기쁨도 실패도.. 많은 일들이 일어나겠지요...
그러나 풀은 마르고 꽃은 떨어지지만 하나님의 말씀만은 영원합니다.
우리의 시선이 내면의 생명을 향할수록 우리는 이 어지러운 세상 속에서도 평화와 안식을 누릴 것입니다.

그러므로 날이 너무 덥든 또한 너무 춥든
그것은 별것 아닌 것입니다.
배가 고프든 아프든 말든
그것은 별것 아닌 것입니다.
사랑하는 사람이 떠나든 다시 오든
그것은 별것 아닌 것입니다.
우리는 울고 웃으며 이 짧은 삶을 여행하지만
결국 우리의 주님을 더 깊이 알기 위한
영적 성숙의 여정을 위해서
우리는 걸어가고 있는 것입니다.
더 깊은 삶을 위하여
우리는 몸을 다스리며
초월과 자유와 사랑의 삶을 향하여
오늘도 나아가야 하는 것입니다.
영혼의 삶은 사랑의 삶이며
몸 의식에서 우리가 좀 더 나아갈 수 있을 때
우리는 좀 더 사랑할 수 있고 행복할 수 있는 것입니다.

2001. 4. 18

44. 주님과의 교제는 천국입니다.

한밤중 아이의 잠꼬대 소리에 잠이 깨었습니다.
조용하고 아늑한 밤... 시간이 몇 시인지는 알 수 없고 의식이 깨어나니 주님의 영광이 온 집안을 채우고 있는 듯이 느껴졌습니다.
조용히 누워서 부드럽게 호흡을 하며 주님의 임재에 마음을 두고 있는데 마음 속에 하나의 선명한 메시지가 떠올랐습니다.

"나는 너를 나와의 교제를 위하여 불렀다..."
나는 조용히 그 메시지에 마음의 귀를 기울이고 있었습니다.
그리고 어젯밤 잠이 들기 전 "주님, 내 삶의 의미가 무엇입니까?" 하고 물으면서 잠이 들어버린 것이 생각났습니다.

그 메시지는 조용하게 그리고 부드럽게 내 마음 속에 깊숙이 퍼져나가고 있었습니다.
"오직...
나와...
교제하자...
그 어느 것에도..
마음을 두지 말고...
어떤 사역을 할까...
마음을 쓰지 말고...

그저...
나와...
교제하자...
그것으로 충분하다...
네가 가만히 있으면
많은 것을 성취할 수 있을 것이고
열심히 움직이면
아무 것도 성취할 수 없을 것이다...
나는 너를...
나와의 교제를 위하여 불렀다..."

다른 때 같으면 나는 아마 울었을 것입니다.
그러나 이때는 이상하게 전혀 눈물이 나지 않았습니다.
그저 마음이
한없이 고요하고 거룩하며
평화로워지는 느낌이었습니다.
그 메시지가 내 영혼 속으로 깊이 스며들면서
형용하기 어려운 감미로움이, 부드러움이 내 안에 점점 증가되는 듯이
느껴졌습니다.

나는 움직이고 싶지 않았습니다.
내가 움직이면 마치 옆에 계신 주님과 부딪칠 것 같이 느껴졌습니다.
오랫동안
나는 그 메시지...

익숙해있지만
다시 새로운 그 메시지 속에 잠겨있었습니다.
"나는...
너를...
교제를 위하여 불렀다...
그것으로 충분하며...
그것으로 많은 것을...
성취할 수 있다..."

우리가 주님과의 교제를 위하여 창조된 것은
얼마나 놀라운 은혜인지요...
나는 그 메시지의 영광에 잠겨서
한동안 아무 것도 할 수도 생각할 수도 없었습니다.
그저 조용히 누워있었을 뿐입니다.
주님의 거룩하심과 영광은 증폭되어가고 있었고
나는 그저 고요하게 평화롭게
그분의 거룩하심을 맛보고 있었습니다.

주님과의 교제
주님의 거룩하심의 한 부분을 맛보는 것
그것은 우리의 삶의
가장
본질적인
행복인 것입니다.

그분은
그것을 위하여
우리를 부르셨습니다.
그리고
그것은
천국입니다.

2001. 4. 26

45. 부족함을 통한 은혜

어떤 독자님과 전화 통화를 했습니다.
"삶이 가르치는 지혜"를 읽고 많이 울었다고 합니다.
자기가 살면서 느낀 것, 경험했던 일들이 많이 기록되어 있어서 많이 울었다고 했습니다.
그러면서 자신의 가슴 속에 있는 모든 것을 다 보여줄 수 있는 것이 대단하게 느껴진다는 말도 남겼습니다.

그 책을 보고 울었다는 이야기를 많이 들었습니다.
왜 그들은 그 평범한 이야기를 읽으면서 울까요...
공감을 할까요...
"삶이 가르치는 지혜"에는 나의 바보 같고 어리숙한, 멍청한 모습이 많이 표현되어 있습니다.
사람들은 이런 좀 멍청하고 어설픈 사람의 이야기에 어떤 즐거움과 휴식을 느끼는 것이 아닌가 싶습니다.

우리들은 어릴 때부터 항상 요구를 받고 자랐습니다.
이 땅의 세계에는 은혜의 누림보다 항상 노력하고 수고해서 다른 이보다 뛰어나야 함을 가르칩니다.
어렵게 성공한 이들을 예로 들면서 우리는 그들을 따라가야 할 것을 강요받습니다.

어려운 여건에서 열심히 공부해서 성공한 사람들,
힘든 장애에도 불구하고 포기하지 않고 끝없는 열정으로 승리한 사람의 이야기들...
그들의 이야기는 감동적이지만
동시에 그것은 우리에게 부담을 줍니다.
우리는 아무리 애쓰고 노력해도 그러한 소설의 주인공이 될 수는 없을 것이라는 생각이 듭니다.
그리고 어떤 면에서 그것은 우리를 더욱 비참하게 만듭니다.

바보 같은 사람의 이야기를 들을 때 우리는 마음 속의 긴장감을 내려놓게 됩니다.
그리고 우리는 경쟁과 싸움에서 잠시 숨을 돌리고 안식하게 됩니다.
나에게 삶은 항상 힘들었습니다.
남들에게 아주 쉬운 것이 내게는 너무 어려웠습니다.
내가 간신히 깨달은 많은 것들을 남들은 이미 알고 있었습니다.
나는 참으로 잘 적응하지 못했고 모든 것들이 서툴렀습니다.
나에게 주어지는 많은 요구사항을 나는 하나도 할 수 없었습니다.
그래서 나는 주님을 찾았습니다.
스스로 할 수 있는 것이 아무 것도 없어서
그래서 주님을 찾았습니다.
그리고 주님을 만났습니다.
그리고 나의 무능과 부족함, 멍청함이
너무나도 감사해지기 시작했습니다.

이제 나는 생각합니다.
우리는 삶에 있어서
그다지 유능한 사람이 될 필요가 없으며
그다지 똑똑한 사람이 될 이유가 없다고
남들보다 잘해야할 이유가 없으며
그렇게 긴장하고 살 필요가 없다고

우리의 부족함을 인식하며
주님을 부르고
그분을 의지하면
그것으로 충분하다고...

별로 유능하지 않아도
멋지고 매력적인 사람이 될 수 없어도
주님의 은혜로 인하여
그저 감사하고 사랑하며 살 수는 있으며
그리고 그것으로 충분하다고...

이제 예전에 오래 해왔던 것처럼
나 자신을 바꾸려고 애쓰지 않습니다.
그저 모든 것을 받아들이고
감사하고 사랑하며
주님의 이끄심에 조용히 따라갈 뿐입니다.
이제 내 마음에는 많은 분쟁이 거의 사라졌고

그저 조용히 그분의 원하심에 자신을 의탁할 뿐입니다.
부족한 사람, 멍청한 영혼...
그럼에도 불구하고 나를 부르셔서
주님의 사랑을 전하는 도구로 쓰여짐이 너무나 감사할 뿐입니다.

이제 나는 나의 실패와 어리숙함을 기뻐합니다.
나의 연약한 몸을 기뻐합니다.
주님이 허락하신 모든 것들은
당시에 우리의 생각에는 나빠 보이나
결국은 그분의 은혜의 계절에
그분이 원하시는 열매를 맺게 되는 것입니다.
오... 우리 모두가
연약함, 실패, 바보 같음, 어리석음, 부족함을 통하여
주님의 풍성하심을 더 깊이 경험하게 되시기를 바랍니다...

우리의 어떠함에도 불구하고
언제나 영원히
끝없이 베풀어주시는 주님의 사랑, 주님의 은혜...
오, 주님께 영광을 돌려드립니다.
할렐루야!

2001. 4. 26

46. 지난 밤의 꿈

어젯밤에 나는 꿈을 꾸었습니다.
그것은 너무 선명한 꿈이었습니다.
나는 어떤 교회에 초청을 받아서 집회를 하러 갔습니다.
그 교회는 몹시 컸지만 주님의 임재나 영의 흐름에 대하여 거의 잘 모르는 교회였습니다.
사람들은 입추의 여지가 없이 꽉 들어찼습니다.
대학 후배들, 아는 사람들의 얼굴도 꽤 보였습니다.
그러나 집회를 시작하기 전에 나는 뭔가 불안했습니다.
기도도 부족하고 왠지 준비가 덜 된 것 같은 느낌이 있었습니다.
하지만 시간이 되어 나는 단 위에 올라갈 수밖에 없었습니다.

나는 찬양으로 집회를 시작했습니다.
나는 찬양을 시작하면서 주님의 임재가 흐르는 것을 느끼기 시작했습니다.
그래서 아, 다행이다...주님이 임하시면 집회의 분위기가 풀어지겠구나... 하고 생각했습니다.
그런데 몇 곡을 부르고 나서 나는 교회의 분위기가 아주 싸늘해진 것을 느꼈습니다.
교회는 어수선해졌습니다.
사람들은 삼삼오오 둘러앉아 무엇인가 이야기를 하고 있었습니다.

예배는 중단되었습니다.
후배인 목사가 나에게 와서 어떤 장로님이 몹시 분개를 하면서 이게 예배냐고, 화를 내면서 집으로 가셨다는 이야기를 했습니다.

그들이 이야기하고 있는 어떤 장면을 보았습니다.
어떤 자매 하나가 울고 있었고 그녀를 둘러싼 여러 자매들이 그녀를 비난하고 있었습니다.
그 자매는 아까 찬양을 할 때 울면서 찬양을 드리던 자매였습니다.
그녀는 자신이 주님을 사랑한다고 말하고 있었고 주위의 사람들은 아주 불쾌하게 느끼면서 그녀의 신앙에 대해서 공격하고 있는 모습이었습니다.
가까스로 모임은 수습이 되었습니다.
담임목사님과 사모님, 그리고 나... 이렇게 셋이서 같이 길을 가고 있었습니다.
목사님과 사모님은 몹시 화가 나 있었습니다.
그들의 굳어진 얼굴 표정이 아주 선명했습니다.
그들은 평생 이 교회를 부흥시키고 세우기 위하여 무진 애를 썼습니다.
그들은 우연히 나의 이야기를 들었고 그래서 어떤 기대를 가지고 집회를 시작했는데 이런 보양이 되어버리사 화가 산뜩 난 것 같았습니다.

우리들은 어떤 집으로 들어갔습니다.
그리고 마주 앉았습니다.
목사님은 피스톤처럼 말을 쏟어 놓았습니다.
긴 말을 했지만 요지는 해명을 하라는 것이었습니다.

그는 자기의 입장을 한참 이야기한 후에 나에게 무슨 말을 해보라고 계속 채근했습니다.
나는 무엇인가 말을 하려고 했습니다.
성령의 임재와 역동적인 예배에 대하여 주님의 임하시는 지성소의 예배에 대하여 말을 하려고 했습니다.
그러나 아무 말도 나오지 않았습니다.
그리고 눈물이 나오기 시작했습니다.
그런데 눈물이 한번 나오기 시작하자 그것을 절제할 수 없었습니다.
눈물은 걷잡을 수 없을 정도로 나왔습니다.
나는 당황했습니다.
하지만 그것을 통제할 수가 없었습니다.
그런데 놀랍게도
목사님과 사모님이 같이 울기 시작했습니다.
나는 정말 놀랐습니다.
목사님도, 사모님도 같이 걷잡을 수 없이 흐느껴 울기 시작했습니다.
그들은 아예 통곡을 하고 있었습니다.
나는 알았습니다.
그들이 아무 말도 하지 않았지만
주님의 임재가 그들을 사로잡은 것을 알고 있었습니다.
주님의 거룩하심이, 영광이 그들에게 임재하여 있었고 그들은 거기에 사로잡혀 아무 말도 할 수 없었던 것입니다.
우리들은 같이 서로 붙잡고 울고 있었습니다.
그리고 우리는 그 눈물 속에서 하나된 것 같이 느껴졌습니다.

내가 꿈에서 깨었을 때 나는 아직도 울고 있었습니다.
교회의 모습, 예배의 상황, 목사님의 표정...등 모든 것들이 너무나 생생했습니다.
나는 내 가슴 속에 한동안 주님의 거룩하심과 임재에서 오는 달콤함과 행복이 사라지지 않고 머물러 있었습니다.

나는 꿈에서 깨어 한동안 교회와 예배의 회복에 대해서 생각했습니다.
주님이 임재하시는 예배란 얼마나 아름다운 것인가,
주님이 각 사람을 만지시고 임하시는 예배는 얼마나 행복한가..에 대하여 묵상했습니다.
그 아름다운 예배를 맛보게 되면 사람들은 더 이상 다른 데서 행복과 만족을 구하지 않게 될 것입니다.
나는 모든 교회에게 주님의 풍성하심이, 영광이 임하는 장면을 상상하면서 마음이 즐거워졌습니다. 주님은 교회에 더 깊이 임하실 것이며 놀라운 변화를 일으키실 것입니다!

오늘은 토요일, 즐거운 주말입니다.
주님이 계시기에, 그리고 내일, 모든 교회들이 주님을 찬미하기 위하여 준비한다고 생각하니 더욱 마음이 즐거워졌습니다.
해피엔딩으로 끝난 꿈 때문에 더욱 즐거운 하루의 시작이었습니다.
오늘도 우리 모두에게 주님의 임재와 사랑이 더욱 아름답게 임하시겠지요...
주님의 사랑에 감사드립니다...
할렐루야...   2001. 4. 28

47. 유일하게 나를 괴롭히는 사람

오랜만에 어떤 형제로부터 전화가 왔습니다.
이 형제는 왜 방송에 나의 설교가 나오지 않느냐고, 목사님의 글이 왜 세계에 퍼지지 않으며 세계를 다니면서 말씀을 전하지 않느냐고 속상해 하는 좀 엉뚱하고 과격한(?) 형제입니다.
이 엉뚱이가 물었습니다.
"목사님... 요즘에는 목사님을 괴롭히는 사람은 없습니까?"
나는 웃었습니다.
"나를 괴롭히는 사람? 하하하... 전혀 없어."
나는 덧붙였습니다.
"내 평생에 나를 괴롭히는 사람은 없었어. 나에게 가르침을 주는 사람은 많았지...
그리고 나를 괴롭히는 사람이 있다면 그건 오직 한사람뿐이지..."
"그게 누군 데요?"
"바로 나야. 나 외에는 아무도 나를 괴롭힐 수 없지..."

나는 그와 대화를 하면서 몇 가지 영상이 머리에 떠올랐습니다.
한번은 교회에서 예배를 드리고 있는데 벽력같은 고함소리가 들렸습니다.
어느 자매가 그녀의 어머니와 같이 교회에 왔는데 그 어머니는 그녀가 교회를 다니는 것을 몹시 싫어하는 분이었습니다. 그런데 그 어머니가 교회에 도착하자 발작적으로 소리를 지르기 시작했던 것입니다.
그녀는 딸이 이 교회에 다니면서 너무 여기에 미쳤고 딸을 여기에 빼앗겼다고 생각하고 있었습니다.
그녀는 교회가 집에서 너무 먼데다가 자기의 딸이 자기의 예상과는 너무 다른 초라한 건물로 들어가자 그만 화가 폭발했던 것입니다.
그녀는 온 힘을 다해서 그녀의 딸을 구타하기 시작했습니다.
딸은 가만히 구타를 당하고 있었고 할 수 없이 나는 그녀에게 다가가 그녀의 팔을 잡았습니다.
그리고 그녀의 흥분은 나에게 전달되었습니다.
그녀는 나의 얼굴을 쳤는데 그만 안경이 날아가 버렸습니다. 그리고는 폭력을 마구 휘둘렀기 때문에 나는 그녀의 팔을 꽉 잡고 있을 수밖에 없었습니다.
그녀는 손을 움직일 수 없게 되자 발을 걷어차기 시작했고 그것도 여의치 않자 입으로 나를 물기 위해서 노력했습니다.
그러나 그것도 잘 안 되자 입으로 온갖 욕을 하면서 내 얼굴에 침을 뱉기 시작했습니다.

그런데 이상하게도 불현듯이 나는 그런 감동이 생겼습니다.
그것은 이 여인을 안아주고 싶은 마음이었습니다.
그녀의 욕설과 흥분 속에 있는 그녀의 슬픔, 고통을 위로해주고 싶은 마음이었습니다.
나는 주님이 그렇게 이 여인을 보고있는 것처럼 느껴졌습니다.
그러나 그것은 마음뿐 나는 그녀를 부드럽게 안아줄 수 없었습니다. 그녀가 너무 흥분해있고 난리를 치고 있었기 때문에 일단 그녀를 제지해야 했습니다.
다른 형제들이 그녀를 붙잡고 있는 바람에 나는 간신히 그녀에게서 풀려났습니다.
다른 형제들도 그녀에게 할퀴우고 물려서 팔에 상채기가 생겼습니다.

그녀가 너무 난리를 쳐서 할 수 없이 우리는 그녀를 밖으로 내보내고 문을 닫았습니다.
안에서 예배를 드렸지만 그것은 쉽지 않았습니다.
그녀는 문짝이 부서져라 계속 걷어찼고 여러 시간을 문밖에서 난리를 쳤습니다.
딸은 이미 다른 곳으로 피신했고 그녀는 계속 욕을 하고 있었습니다.
그녀는 고소하겠다고 울부짖었습니다.
그녀는 딸이 그렇게도 속을 썩인다고 마구 소리를 쳤습니다.

그녀는 무엇이 그렇게 억울했을까요...
그녀는 무슨 한이 그렇게 맺혀있을까요...
그녀는 다른 사람들의 마음을 잘 알지 못하는 것 같았습니다.
그때 나의 아들 주원이가 있었고 그는 자기의 사랑하는 아빠와 엄마가 온갖 욕을 먹는 것을 보고 울었습니다.
그러나 그녀는 그런 것에는 관심이 없었을 것입니다.
어린 아이가 울든지 말든지 관심이 없었을 것입니다.
은혜를 사모하던 성도들의 마음이 상하고 그 아름다운 예배가 완전히 엉망이 되었으나 그녀는 거기에 관심이 없었을 것입니다.

영혼이 어린 사람들은 남들의 고통에 별로 관심이 없습니다.
그저 자기 자신만이 항상 소중하고 중요하며 언제나 항상 억울하고 속상한 것 뿐입니다.
그러나 영이 눈을 뜨고 자라게 되면 모든 것이 다 감사하고 죄송한 것 뿐입니다.
자신의 어리석음, 부족함이 너무도 죄송하고 그럼에도 불구하고 용서하고 사랑해주시는 주님의 은혜가 그저 오직 감사할 뿐입니다.

나는 별로 상처를 받지 않았습니다.
다만 그녀가 준비되지 않았기 때문에 그녀를 위로하고 돕지 못한 것이 마음 아팠을 뿐입니다.
그녀의 많은 욕설과 저주에 대하여 나는 그녀와 의견이 같았습니다.
나는 그러한 저주를 받기에 마땅한 사람이었습니다.
십자가에서 주님의 옆에 있는 십자가에 매달려 있던 강도가 말한 것처럼 우리는 다 우리의 마땅히 받을 보응을 받는 것입니다.
그러니 우리는 어떤 일을 겪어도 그에 대하여 억울하게 생각할 권리가 없습니다.
우리는 마땅히 당해야 될 일을 당하는 것입니다.
그보다 10배나 심한 일을 당한다고 해도 나는 아무런 할말이 없는 사람입니다.

그러나 오직 유일하게 억울하신 분이 있다면 그분은 바로 주님이십니다.
그는 전혀 아무런 죄가 없이 우리를 위하여 십자가에서 우리의 죄를 담당하셨던 것입니다.

내가 너무나 악한 죄인이라는 것... 그녀와 나는 의견이 똑같았습니다. 그러므로 내게는 상처가 되지 않았습니다. 나의 의견이 좀 다르다면 나는 그녀가 생각한 것보다 좀 더 악하다는 것이었습니다. 또한 죄인임에도 불구하고 용서받은 죄인이라는 것이었습니다.
아내는 마음이 많이 상한 것 같았습니다.
이런 일이 반복되었을 때 신체의 연약함과 겹쳐져서 아내는 응급실에 실려가기도 했습니다.

한번은 좀 사랑하기가 쉽지 않은 형제가 있었습니다.
이 형제는 어떠한 표현을 해도 그것을 나쁜 쪽으로 해석했습니다.
나는 그를 돕기 위해서 애썼지만 별로 도움이 안 되는 것 같았습니다.
그는 어느 날 상담을 요청하더니 도움이 안 된다고 나를 칼로 찔러 죽이고 싶다고 했습니다.
나는 놀라고 마음이 아파서 울었습니다.
죽는 거야 별로 대단한 일이 아니지만 다른 사람에게 아무런 도움이 되지 않으며 적개심만 일으킬 뿐이라는 사실이 너무 아팠습니다.
그 형제는 나의 반응에 놀란 것 같았습니다.

지금이라면 나도 별로 놀라지 않았겠지요...
왜냐하면 친절을 베풀기 위하여 애쓰는 것도 우리의 자유이며 그에 대하여 어떻게 반응하느냐 하는 것도 상대의 자유이니까요... 그리고 우리는 상대의 어떤 반응도 존중해주고 받아들일 수 있어야 하니까요...
당시에 나는 사람들을 돕고 그 결과로 비난받는 것은 당연한 일이며 사역의 한 부분이라는 것을 머리로 이해했을 뿐이었습니다.

엉뚱한 형제가 물었지요...
목사님... 요즘에 괴롭히는 사람이 없어요?
나는 다시 생각합니다.
나의 평생에 나를 괴롭히는 사람은 없었다...
나의 스승은 많았다...
나의 부족함...
내가 얼마나 악하고 이기적인지를
보여주는 사람은 많았다...
그분들은 모두 다 나의 은인들이다...

다시 나는 믿습니다.
오직 나만이 나를 괴롭히며
오직 나만이 주님을 괴롭힙니다.
그래서 내가 변화될 수 있다면
나의 생각과 감정이 달라질 수 있다면
세상은 천국이며
오직 황홀함으로 가득 찬
행복한 곳인 것을
나는 굳게 믿습니다.
그래서 오늘도 변화를 위하여
성장을 위하여
오직 주님만을 바라보며 걸어가는 것입니다.

48. 아내의 눈물

어제 어버이날... 밤에 아내가 미국에 계신 장모님께 전화를 합니다. 잠시의 통화... 그리고 그녀는 또 울기 시작합니다.
물론 그리움 때문이겠지요...
그러나 일반적인 그리움과는 다릅니다.

우리가 결혼하고 나서 꼭 2개월만에 사업을 하던 그녀의 아버지가 부도를 경험하게 됩니다.
30년 간 잘 굴러가던 아버지의 사업이 갑자기 망하게 된 것이었습니다. 다른 분들이 부도를 겪는 바람에 그녀의 아버지는 같이 부도를 맞게 된 것이지요.
꽤 많던 그녀의 부모님의 재산은 그로 인하여 다 날리게 되었습니다. 장인 어른은 몹시 양심적인 분이었는데 최선을 다해 집과 아파트 등 모든 소유들을 처분해 빚을 갚고는 자신은 미국으로 떠났습니다.
그것이 벌써 15년 전... 그녀는 그 후로 부모님을 만날 수 없었던 것입니다.

그녀의 부모님도 이곳에 올 수 있는 형편이 못되었고 우리도 미국에 갈 형편이 되지 못했습니다.
그러니 가끔 부모님의 생일이나 어버이날에 그녀가 어머니와 통화를 하면서 눈물을 흘릴 때 나는 그저 아무 말 없이 옆에서 조용히 그녀의 어깨를 두드려 줄 수밖에 없었던 것입니다.
언젠가 미국에 갔다온 동생이 장인 어른의 사진을 그녀에게 보여주었을 때 그녀는 "아버지... 이렇게 흰머리가 많아졌어요.. 아버지..." 하면서 소리를 지르면서 울었지요... 나는 그저 그녀의 등을 가만히 어루만질 수밖에 없었습니다.

그녀는 부유한 가정 환경에서 부모님의 사랑을 풍족하게 받으며 부족한 것이 무엇인지 전혀 모르고 자랐습니다.
나는 가난과 고독과 멸시와 어려움 들에 익숙하게 자라났지만 그녀는 삶의 고난이 무엇인지 전혀 모르고 자랐습니다.
그녀는 미대대학원을 나왔고 나는 당시 고등학교 중퇴의 상태였습니다.
그러니 그녀가 나와의 결혼을 결심했을 때 그녀의 부모가 반대하리라는 것은 너무나 당연한 것이었지요.

그녀는 태어나서 결혼할 때까지 부모의 말을 거역해본 적이 없었습니다. 그녀의 삶에서 유일하게 부모의 뜻을 어긴 것은 나와의 결혼일 것입니다.
그녀의 부모는 그녀를 이해할 수가 없었습니다. 국회의원의 아들이나 재벌의 아들의 선이 많이 들어오는 데 다 거절하고 아무 것도 없는 사람과 교제하는 딸을 그들은 이해할 수 없었습니다.

그녀의 어머니는 그녀를 위협도 하고 구슬르기도 하고 심지어 몸져 드러눕기도 했지만 그녀는 4년 동안 기도로 버텨내었습니다.
4년 - 그것은 치열한 투쟁이었습니다. 그러나 결국 그녀는 포기한 부모님으로부터 결혼의 승락을 얻어냈지요.
그러나 그녀가 다시 기회가 있다면 그녀의 결정을 되풀이할지는 모르겠습니다. 나도 다소 결혼을 후회하는 측면이 있으니까요
나는 그녀를 사랑했지만 여태껏 그녀에게 준 것은 고통과 상처뿐이었기 때문입니다. 아마 다시 기회가 있다면 나는 그녀를 보냈을 것 같습니다.

그녀는 가난이 무엇인지 전혀 몰랐습니다.
그러나 그녀는 나와 살면서 그것이 무엇인지 알게 되었습니다.
이태원의 고급주택가에서 120평의 저택에 살던 그녀는 나와 살면서 지하의 단칸 월세 방을 전전하여야 했습니다.
보증금 200만원에 월세 20만원 하는 방을 구하기 위해서 그녀가 지친 몸으로 헤매고 다닐 때 나는 그녀의 모습을 보는 것이 너무나 안쓰러웠습니다.
나야 어떤 고생을 하던 그것이야 별로 슬프지 않았고 오히려 즐겁기 조차 했지만 그녀의 고생을 보는 것은 쉬운 일이 아니었습니다.

원하는 것은 무엇이든 항상 손에 넣을 수 있었던 그녀는 이제 모든 것들을 포기하는 훈련을 해야 했었습니다.
대낮에도 컴컴해서 불을 키지 않으면 보이지 않아서 다닐 수 없었던 지하의 단칸방 - 거기서는 가구도 이불도 모두 다 썩어가고 있었습니다.
거기서 오래 살던 그녀는 기관지가 나빠져서 천식이 생겼고 나중에는 몹시 심해져서 종합병원의 응급실에 여러 번 실려갔습니다. 생사의 기로에 놓여서 그녀가 더 이상 살 수 없으리라고 여겨지던 때도 여러 번이었지요.

그녀는 개척교회를 하면서 비인간적인 경우와 대접을 많이 겪었습니다. 이 땅의 사람들은 대부분 사람을 신앙이나 인격에서가 아닌 돈이나 학벌 등 눈에 보이는 것 만으로 판단하는 경향이 있지요.
항상 사람들에게 사랑 받고 칭찬 받던 그녀는 사람들을 통해서 아픈 일들을 많이 경험하게 되었습니다.
그녀는 성도들을 사랑하려고 노력했습니다. 그러나 그 결과로 돌아오는 오해와 비난은 그녀에게 있어서 견디기 어려운 일이었습니다.
그녀가 실수한 것이 있다면 남편을 잘 못 만난 것 밖에 없었습니다. 그러나 그녀는 그 실수에 대하여 대가를 엄청나게 많이 지불하여야 했습니다.

그녀의 마음은 많이 지치고 병들어 갔고 고통이 극심할 때는 주님 앞에 나아가서 "주님....정말...억울해요.. 내가 왜 이렇게 당해야 해요..?" 고 울부짖었습니다. 그리고 주님은 그녀에게 다가가서 그녀에게 말씀하시고 위로해주셨습니다.

그녀는 성격이 밝고 명랑합니다.
아기를 낳았을 때도 몸조리해줄 사람도 도울 사람도 없었습니다.
그러나 나는 그녀가 불평하거나 원망하는 소리를 거의 들어보지 못했습니다.
몸이 많이 아플 때도 그녀는 힘든 티를 내지 않았습니다.
예원이가 어렸을 때 너무 잠을 자지 않아서 그녀가 천식끼에다가 과로가 겹쳐서 병원에 입원한 적이 있습니다.
그러나 그녀는 전혀 아픈 티를 내지 않아서 나는 그것을 전혀 몰랐습니다.
나는 그녀가 가엾어서 그녀 앞에서는 웃고 화장실에 가서는 많이 울었습니다.

그녀는 그 전에 전혀 경험해보지 못한 가난을 겪으면서 먹을 것, 입을 것, 차비, 아이 우유 값.. 그 모든 것이 없을 때에도 그저 밝고 명랑하게 웃으면서 살았습니다.
그녀의 외모를 보면 너무나 밝고 명랑해 보이기 때문에 지난 십 여 년을 그러한 어려움 속에서 살아왔다는 것을 믿기 어렵습니다.
나는 원래 몹시 우울한 기질이었으나 그녀를 통해서 그리스도안에서의 풍성함, 기쁨의 삶에 대해서 많이 배웠습니다.

그녀가 만약 슬퍼하고 괴로워했다면 나는 주님만을 추구하고 사모하는 길을 마음놓고 걸어가지 못했을 것입니다. 아마 나도 이 시대의 많은 모습들처럼 타협하고 편안한 삶을 추구했을지도 모르겠습니다.
그러나 그녀는 한번도 우울한 모습이나 자기 연민에 빠지는 모습을 보이지 않았습니다.
아무도 인정하지 않는 나의 글과 설교를 그녀는 "언젠가는 당신도 빛을 볼 거야.. 당신은 때를 잘못 타고 났을 뿐이야.." 하고 격려해 주었습니다.
그녀의 소원은 오직 나를 기쁘게 하고 자녀들을 생각해주는 것이었습니다. 자신을 위해서는 그녀는 소원이 없었습니다.

나는 그녀를 몹시 사랑해서 결혼했습니다.

그러나 그녀를 제대로 사랑해주지 못하고 고생만을 시켰습니다. 그래서 지금은 그녀와 결혼한 것이 너무나 미안하고 또 미안합니다.
나는 그녀에게 줄 것이 아무 것도 없습니다. 그래서 오직 사랑하는 마음만을 줄 뿐입니다. 그저 그녀의 아픔들을 위로하고 격려해줄 뿐입니다.

이제 어떻게 그녀의 사랑과 은혜를 갚을 수 있을까요
한가지 소원은 그녀의 부모님이 돌아가시기 전에 미국을 보내주고 싶은 것입니다.
아직은 여유도 없고 비자도 나올 길이 없지만 나중에 주님이 허락하시면 나의 책이 미국에도 알려져서 출판이 되고 그곳에서도 나의 집회를 할 수 있으면 혹시 그렇게 갈 수 있는 길이 생기지 않을까 하는 소망을 가지고 있지요.

나는 죄인입니다.
주님 앞에 죄인이며 부모님께도 죄인이고 자녀들도 제대로 사랑해주지 못하는 죄인이고 성도들의 필요도 제대로 채워주지 못하는 죄인입니다. 그러나 가장 사랑하는 아내의 눈에서 눈물이 흐르게 하는 세상에서 가장 악한 남편된 죄가 가장 아프게 느껴집니다.

아직...
삶이 남아있기 때문에
아내의 사랑과 은혜를 갚을 날이 오겠지요...
그러나 설사
내가 그녀의 사랑을 갚지 못할지라도

나의 사랑하는 주님은
그녀의 수고와 고통과 눈물을
갚아주실 것입니다.
영원한 곳에서
그녀의 눈물을 닦아주며
나의 사랑하는 딸아.. 수고했다..
하고 말씀하시겠지요...

내가 사랑하고 존경하는 아내...
그녀의 눈물을 보는 것이 나에게는 몹시 힘이 듭니다.
그러나 그만큼 더 사랑해야 하겠지요
더 감사하고 더 섬기고
언젠가 충분히 그녀의 사랑과 헌신을 보답할 때까지
이 길을 걸어가야 하겠지요...
조금 슬프기는 하지만
주님이 곁에서 우리의 모든 것을 보시고 있다는 것...
그것이 우리의 가장 큰 기쁨이요 위로입니다.
아내의 사랑,
그리고 끝없이 베푸시는 주님의 은혜...
오직 감사와 영광을 주님 앞에 올려드립니다.

예수님.
고맙습니다.
그리고

너무나 훌륭한 아내를 제게 주셔서
진정으로 감사드립니다.
그리고
저에게
그녀의 사랑에 보답할 수 있는
기회를 주십시오
너무나 감사드리며
부족한 종이
기도드립니다.
아멘.

2001. 5. 9

49. 눈물에 무너지는 주님의 마음

지난 밤.. 나는 꿈을 꾸었습니다.
꿈속에서 나는 지하의 작은 교회에 있었습니다.
나는 엎드려서 무릎을 꿇고 기도를 드리고 있었습니다.
나의 기도는 눈물의 기도였습니다.
어린 아이처럼 그저 한없이 울고 또 울었습니다.
주위에는 다른 성도들도 있고 아내도 있었는데
내가 너무 간절하게 우니까 놀란 것 같았습니다.

잠이 깨어보니 나는 실제로 계속 울고 있었습니다.
어젯밤 어떤 문제로 간절히 기도하다가 잠이 든 것이 생각났습니다.
달콤한 주님의 임재 속에서 눈물은 계속 흐르고 있었는데
갑자기 어떤 기억이 떠올랐습니다.

몇 년 전 나는 친구와 함께 어떤 목사님을 찻집에서 만나서 대화를 나눈 적이 있었습니다.
그분은 우리가 청년시절에 다니던 교회의 장로님이셨습니다.
그때 장로님은 우리 청년부를 지도하고 계셨는데 나중에 신학을 하시고 목사님이 되신 것이었습니다.

장로님은 몹시 지식도 많으시고 열정도 많았습니다.

그래서 청년부 집회가 매주 금요일 밤마다 있었는데 장로님이 신앙 강좌를 계속 하셨습니다.

장로님은 책 읽기를 참 좋아하셨고 자신감도 참 많으셨습니다. 그분은 조직 신학 강의를 하시면서 웬만한 신학대학을 나오는 것보다 자신의 강의를 듣는 것이 낫다고 항상 주장하셨고 자신은 아는 것이 너무 많아 걱정이라는 말씀을 자주 하셨었습니다.

그런데 오랜 시간이 지나서인지 예전이 장로님 시절의 그 강인하고 자신만만한 모습의 분위기를 찾을 수가 없었습니다. 오히려 차분하고 겸손한 부드러운 모습이었습니다.
그때보다 세월에 비해서 나이도 많이 들어 보이셨습니다.
목사님은 이런 이야기를 하셨습니다.

"교회를 개척하고 지하에서 8년을 있었지. 그리고 그 몇 십 명의 성도들을 데리고 3년 동안 교회를 건축했어. 그리고 그 3년 동안 십 년은 늙었지."
우리는 목사님께 물었습니다.
"어떻게 건축을 하셨지요?"
"방법이 없었어. 상황은 건축을 할 수밖에 없는 상황이었는데 교인들도 가난하고 나도 돈이 없었지. 나를 잘 알지 않는가. 내가 무슨 수단이 있나, 재주가 있나. 어디서 돈을 융통할만한 사람도 못되고...
그래서 기도를 했지. 그 기도라는 게 그냥 우는 거야. 강대상에 그 주간에 필요한 액수를 붙여놓고 나하고 성도들이 그냥 교회에 와서 울었어. 그런데 우리는 그저 울기만 했는데 정말 기적처럼 정확하게 필요한 시간에 그 돈들이 다 채워졌어. 지금 생각해도 기가 막히지. 도대체 돈이 나올 구석이 없었거든.
건축을 마치고 우리 성도들의 믿음이 크게 자랐어.
나는 책도 많이 보고 공부도 많이 했지만 그때 무릎꿇고 하나님 앞에서 울면서 보낸 기간에 하나님을 가장 많이 배웠다네. 여태까지 내가 가르친 것은 이론적인 하나님이었고 진짜 하나님은 그때 거기서 체험한 거야."

나는 그 연로하신 목사님의 말씀 한마디가 마음속에 여운을 남기며 다시 떠오르는 것을 느꼈습니다.
"내가 무슨 방법이 있나. 그저 우는 거지. 그것 외에는 없었어..."
다시 그런 생각이 떠올랐습니다.
'주님은 눈물에 약하시다.
주님은 마음을 찢으며 그분의 은총을 사모하는 이의 간구를 결코 지나치시지 않는다...'

그분의 나라를 위하여, 그분의 뜻을 위하여, 그분을 더 얻기 위하여, 나의 사명과 달려갈 길을 위하여 더욱 간절히 눈물로 오늘을 보내야겠다고 생각하며 나는 자리에서 일어났습니다.

2001. 5. 21

50. 사소한 것을 주게 드림

가끔 가는 문구점 아주머니에게 전도 겸 해서 <삶이 가르치는 지혜>를 선물했습니다.
아주머니가 어찌나 기뻐하는지... 받은 그 순간에 다 읽어버렸다고 힘과 위로가 되었다고 너무 고마워하는 것이었습니다.
참 기뻐하시길래 책을 한 권 더 드렸더니 연속 "이 은혜를 어떻게 갚죠? 어떻게 갚죠?" 하고 난리를 치셨습니다.

그때 서류봉투를 한 장 사러간 길이었기 때문에 나는 그것은 공짜로 주지 않을까.. 하는 생각을 했었지요...
그런데 은혜는 은혜고 그것은 다른 것 같았습니다.
아주머니는 "100원입니다..." 하고 100원을 받았습니다.
나는 웃음이 나왔습니다.
그러면서 어떤 이야기가 생각났습니다.

어떤 젊은 남자가 자기의 사랑하는 여성에게 사랑을 고백하면서 이렇게 말했습니다.
"나와 결혼해 주세요. 당신을 위해서라면 내 목숨까지도 버릴 수 있어요."
그 여성은 이렇게 대답했습니다.
"나를 위해서 죽을 필요까지는 없고... 매일 저녁마다 설겆이를 해주겠다고 약속해 주세요"
그러자 남자는 얼굴이 어두워졌습니다.
그리고 대답했습니다.
"당신을 위해서 죽을 수는 있지만... 그래도 설겆이는 곤란해요.."

어쩌면 우리의 헌신은 이런 것이 아닐까요?
주님.. 사랑해요...
주님을 만나고 싶어요...
주님.. 당신을 위해서 죽을 수도 있어요...
주님.. 당신의 은혜를 어떻게 갚지요?

주님은 아마 그러시지 않을까요?
애야. 알았으니까...
설겆이나 잘하고...
애들한테 짜증이나 부리지 말아라...
죽지 않아도 되니까...
툭하면 삐지지나 말아라...

우리는 이렇게 대답하는 것이 아닐까요?
주님.. 그건 곤란해요...
주님을 위해 죽을 수는 있지만...
설겆이는 곤란해요...
은혜를 갚아야 되지만...
주님... 그건 100원이예요...

저는 땅파먹고 사는 줄 아세요?

사소한 것을 드리고
사소한 것에서 순종하는 것이
거창한 헌신보다
더 아름다울지 모릅니다.

오늘 하루도
사소한 것에서
주님을 기쁘시게 할 수 있기를 바랍니다.
광대한 우주를 지으신 분이
자그마한 꽃잎도 만드셨으니까요...
우리가 삐지든 말든
우리가 한심스럽든 바보 같든
항상 우리와 동행하시고
우리를 사랑해주시는 그분을 찬양합시다.
할렐루야!

2001. 6. 2

51. 인생은 파티

나는 인생을 파티라고 생각합니다.
그래서 우리 집에는 자주 파티를 엽니다.
나는 아이들에게 말합니다.
"자, 우리 이제 파티를 열자!"
아이들은 환호성을 지르고 난리입니다.

우리들의 파티는 별로 거창하지는 않습니다.
집 앞의 구멍가게에서 과자 두 봉지를 사면 파티 준비는 끝납니다.
때로는 딸기 우유나 음료수가 추가되기도 합니다.

파티가 꼭 많은 돈을 들여야 할 필요는 없습니다.
중요한 것은 우리가 같이 앉아서 삶을 즐기고 나누는 것입니다.
아이들의 떠들어대는 소리에 귀를 기울이고 슬픔과 즐거움을 같이 나누는 것입니다.

파티의 이유는 다양합니다.
얼마 전에 아들 주원이가 학교에서 친구 3명에게 둘러싸여서 맞았습니다.
아이가 울고 왔길래 나는 말했습니다.
"자, 우리 파티를 열자! 우리 주원이 맞은 기념으로..."

아내는 속상해서 울었지만 우리는 같이 위로를 나누었고 문제는 잘 해결되었습니다.

애들이 시험을 잘 못 봐서 걱정하면 우리는 파티를 합니다.
애들이 싸우고 아빠에게 혼이 나면 기념으로 우리는 파티를 엽니다.
애들이 캠프에 갔다가 며칠만에 와도 우리는 파티를 합니다.
이때는 좀 더 비싼 파티를 하지요.

아이들은 파티를 바깥에서 여는 것을 제안하기도 합니다.
내일은 그럼 바깥에서 파티를 열자고 하면 아이들은 잠을 자면서도 "내일 꼭 갈 거지?" 하고 설레임으로 잠을 못 이룹니다.
주원이는 대 여섯 번이나 확인하면서 잠이 듭니다.

그 파티장은 우리 집에서 별로 멀지 않습니다.
약 20미터쯤 떨어져 있습니다.
가는데 30초쯤 걸린다는 말이지요
40평쯤 될까말까한 조그만 놀이터입니다.
그네가 두 개 있고 앉을 수 있는 의자가 몇 개 있는 곳이지요
그러나 거기에 잠시 앉았다 오는 파티지만 애들은 몹시 즐거워하고 행복해 합니다.

파티를 항상 애들과만 하는 것은 아닙니다.
아내와 나는 수시로 파티를 엽니다.
아내는 나에게 파티의 명목을 갖다 붙이는 천재라고 합니다.

속상한 기념으로, 즐거운 기념으로, 한국 축구가 떡이 된 기념으로, 하다 못해 시저가 암살 당한지 50일 되는 날.. 이런 식으로 파티를 해야할 이유를 찾습니다.

오늘 아내가 잘못해서 나의 글들이 그리 많은 분량은 아니었지만 날아가 버렸습니다.
나는 마음이 아파서 말했습니다.
"여보... 나 위로가 필요해..."
아내는 알아듣고 빵집에 가서 곰보빵 2개를 사왔습니다.
곰보빵 2개... 그것으로 우리는 어떤 시련도 이기고 즐거움도 함께 기념할 수 있습니다.

파티를 벌이고 싶은 두 남자가 있었습니다.
그들이 처해있는 상황은 별로 즐겁지 않았습니다.
그들은 복음을 증거 하다가 붙잡혀서 채찍으로 맞았으며 감옥에 갇혀서 꼼짝도 할 수 없었습니다.
그러나 그들은 마음 속에 넘치는 기쁨이 있었기에
파티를 열고 싶어했습니다.
하지만 파티의 도구를 하나도 준비할 수 없어서 그들은 노래를 부르기로 했습니다.
그들은 주님을 찬양하였습니다.
그리고 지진이 일어나고 감옥 문이 열렸습니다.
그것은 그들의 파티에 천사들도 같이 참여했기 때문입니다.
그 파티는 점점 더 즐거워졌고

간수와 그의 모든 가족들도 그 즐거운 파티에 참여하게 되었습니다.
그 두 남자의 이름은 바울과 실라
그들은 파티는 기적을 낳으며
영혼을 주님께 인도할 수 있다는 것을 가르쳐 주었습니다.

인생은 파티입니다.
삶에는 즐거운 일, 슬픈 일, 기쁜 일, 힘든 일들이 항상 있습니다.
우리는 파티를 열고 그것들을 나누며 즐기며 삶을 살아갑니다.
예측할 수 없는 많은 일들이 우리의 삶에 항상 있지만
우리는 그 모든 일 가운데 항상 주님의 인도와 섭리가 있음을 압니다.
그러므로 그것들을 나누며 우리는 주님의 은혜와 사랑을 나누며 살아가는 것입니다.

주님이 계시기에
사랑하는 사람들이 있기에
인생은 파티입니다.
모두가 파티의 주인공이 되어서
위로와 행복을 나눌 수가 있습니다.

만일 당신 주위에
아무도 없다면
주님과 같이 파티를 여십시오
그것으로도 충분합니다.
곧 당신은

파티의 기쁨을
만끽할 수 있을 것입니다.

인생은
파티입니다.
주님과 함께 나누는
사랑의 파티입니다.
그 파티 속에서
우리 모두는
행복해질 수 있는 것입니다.

     2001. 6. 14

52. 여백을 사랑하십시오.

나는 글을 쓰면서
여백을 참 좋아합니다.
이상하게도
자꾸 칸을 띄우고 싶어집니다.
시도 아니면서
그냥 짧게 쓰고
칸을 옮기고 싶습니다.

전에 글을 써서 출판사에 보냈을 때 칸을 자꾸 띄웠더니
출판사에서 말했습니다.
목사님... 워드 사용이 서투르시군요...
이러면 독자들이 욕해요..
페이지 수만 늘리냐? 그래요...
이건 시가 아니잖아요.
그러면서 내 글을 다닥다닥 붙여놓았습니다.

나는 숨이 막혀서 죽는 줄 알았지요...
내 글들은 불쌍하게 다닥다닥 붙어서
숨도 쉬지 못하고 헥헥거리고 있었어요

그래서 나는 막 우겼지요...

이건 시요.
누가 뭐래도 지은이가 시라면 시요.
그러니까 서로 떨어져서 살게 해주시오.
미워서 떨어지려는 것이 아니고
떨어져서 서로 지켜보며 사랑하려는 것이요...
그렇게요...

말이 좀 안되기는 하지만...
시가 뭔지도 모르는 내가 시라고 주장하니
시한테 좀 미안했지만...
그래도 답답한 것은 어쩔 수 없었습니다.

이상하게도.
나이가 들수록 글보다 여백이 좋아집니다.
화려한 진리, 웅변보다
침묵과 고요함이 그리워집니다.

진리 속에서 즐거움을 경험하지만
여백 속에서 안식과 은총을 맛봅니다.

여백의 은혜...
침묵의 가르침...
그게 더 행복하게 느껴집니다.

사람들은 많은 각종 문제를 가지고 찾아오지만
실상 그들에게는
별로 말과 해답이 필요 없습니다.
그저 빙그레 웃고
조용히 같이 앉아 있으면 다 해결되는 것입니다.

여백과 침묵은 많은 것을 가르쳐줍니다.
그 속에 사랑과 용서와 받아줌을...
모든 문제는 영혼의 어림이며 배고픔에서 기인하는 것이므로
그저 함께 있음과 용납으로
모든 것은 회복되고 좋아지기 때문입니다.

주님이 그들에게 아무런 이야기를 하지 않으셔도
그들이 조용히 주님의 곁에 머물러 있을 때
그들은 깨닫게 됩니다.
문제는 더 이상 문제가 아니며
그들에게 진정 필요했던 것은
해답이 아니라 주님의 임재였던 것을
그것은 시혜와 사랑과 용납과 은혜와
그 모든 것을 포함하고 있기 때문에
주님의 임재하나로
그분의 고요한 함께 하심으로
모든 문제들은 소멸되는 것입니다.

많은 눈물로 하소연하는 분들과
별 해답도 주지 않고
약간의 농담과 유머...
장난스러운 이야기들로 잠시의 시간을 보내고 나면
그들은 말합니다.
목사님...
별것도 아닌 것으로 신경을 썼군요...
내가 왜 고민했지?
그렇게 말합니다.

정말입니다.
세상 살면서
신경 쓸 게 뭐가 있습니까?
살면 살고 죽으면 죽는 거지.
우리는 다 주의 손아래 있고
주님의 허락 없이는
우리는 털끝 하나도 상하지 않습니다.
수없이 결단해도
주님의 인도 없이는
한 걸음도 움직일 수 없습니다.

주님의 임재 속에서 고요하게 있을 때
그것은 많은 설교, 많은 가르침, 많은 진리보다
우리의 영혼을 자유케 합니다.

그래서 침묵, 그리고 여백..
그것은 은총입니다.

그래서 나는 여백이 좋습니다.
글로 빡빡하게 채우는 것보다
여유와 띄어쓴 글이 좋습니다.

빡빡하게 바쁜 시간보다
헐렁하게 주님과 같이 있는 여백의 시간이 좋습니다.
친구들이 이야기합니다.
뭐 해? 바빠? 뭐 하느라고?

예.. 아주 바쁩니다.
그저 주님과 같이 조용히 지내느라고..
아무 말 없이 그분을 생각하느라고..
그리고 주님 밖에서 많이 뛰는 것보다
주님과 함께 있는 잔잔함이
훨씬 더 많은 생명을 이루고 성취함을
나는 믿습니다.

어느 목사님이 집회 부탁을 합니다.
목사님... 목요일에 와 주세요...
저.. 화요일에 집회가 있는데요.
아, 그러면 잘 되었네요...

그럼 목요일은 없으시니까 할 수 있겠네요...
아니요. 저는 한 주일에 한번 밖에 안 해요...
화요일에 하고 또 목요일에 할 수 없어요...
저 바쁘거든요... 여백을 즐기느라고...
물론 뒤의 이야기는 안 했지요...

나는 주님과 고요하게 있고 싶습니다.
그리고 또한 사랑하는 사람들과 함께
주님의 사랑스러운 침묵을
함께 즐기고 싶습니다.
아무 말 없이
그저 미소와 기다림으로
몇 시간이고
보내고 싶습니다.
침묵으로 배우지 못한다면
많이 떠들어도
별로 배울 것은 없을 것입니다.

그래서 나는 여백을 사랑합니다.
여백은 밤이며 은총이며 안식입니다.
글에서 낮을 느끼며
여백에서 밤을 느낍니다.
많은 고민들이
한잠 자고 나면 괜찮게 느껴지듯이

여백은 우리를 편안하게 해줍니다.

여백을 즐기십시오
밤을 즐기십시오
침묵을 즐기십시오
고요함을 즐기십시오
주님의 임재를 즐기십시오

우리는 안식을 얻으며
그만큼 우리는
새로운 사람
성숙한 사람
주님의 사람이
되어 가는 것입니다.

성취하기 위하여
열매를 얻기 위하여
애쓰고 긴장하고 투쟁하는 사람이 아닌
가볍고
고요하며
잔잔하면서
주님의 원하심을 이루어 가는
아름다운 주의 사람이
되어 가는 것입니다.   2001. 6. 25

53. 축복을 받는 기쁨

어제 집회 후에 집에 오자마자 뻗어서 쓰러져 자고 오늘 오전에 정신이 돌아왔습니다.

오전에 잠시 볼일이 있어서 나는 가까운 서점에 갔습니다.
지하도를 건너는데 걸인이 서서 손을 내밀고 구걸을 하고 있었습니다.
나는 별 생각 없이 주머니에서 동전 몇 개를 꺼내서 그에게 쥐어주었는데 그가 절을 꾸벅하면서 "잘~ 되세요" 하는 것이었습니다.

나는 조금 놀랐습니다.
보통 걸인들은 꾸벅 절을 하는 경우도 있지만 대체로 감사의 표현을 적극적으로 하지는 않습니다.
그래서 나는 속으로 아, 진정 감사할 줄을 모르면 걸인이 될 수도 있는가보다...라고 생각하기도 했지요...

우리는 쉽게 불평하고 감사할 줄을 모릅니다.
그래서 우리가 얼마나 많은 복을 받고 있는지 알지 못하지요...
그러다가 우리가 갖고 있던 것을 잃어버릴 때에야 비로소 우리는 감사해야할 많은 것을 가지고 있었던 것을 알게 되지요

어쩌면 많은 훈련들이 감사의 부족 때문에 하나님께서 허락하셨는지도 모릅니다.

이스라엘 백성이 광야에서 다 죽은 것도 가나안 땅을 보고 감사하지 않고 악평했기 때문이지요..

그런데 이 분은 다리가 불구인 것 같았는데 표정도 밝고 적극적으로 감사를 하며 축복을 하는 것이었습니다.

그는 단순한 걸인이 아니었습니다.
그는 사람들에게 단순히 동정을 받는 것이 아니라 그가 가진 것을 당당하게 남에게 나누어주고 있었습니다.
다른 사람을 축복해준다는 것 - 그것은 얼마나 아름다운 일인지요!

나는 아주 마음이 즐거워졌습니다.
그가 내게 해준 말은 <잘~ 되세요...> 이었습니다.
뭐가 잘 되라는 것인지는 모르지만 하여튼 잘 될 것 같은 마음이 들었습니다.

서점에서 일을 보고 돌아오는 길에 나는 다시 그 지하도를 건너게 되었습니다.
여전히 그 사나이가 구걸을 하고 있었습니다.
나는 한번 더 그에게 축복을 받고 싶었습니다.
그래서 이번에도 동전을 몇 개 꺼내서 그의 손에 쥐어주었는데 그는 나를 기억했던지 이번에는 활짝 웃으면서 더 큰 소리로 말했습니다.
"잘~~ 되세요 고마와요"
이번의 축복은 끝에 <고마와요>가 붙었고 <잘~ 되세요>에서 처음보다 잘~~이 길었습니다.
아마 잘~~~이 길수록 더 복이 많이 오지 않나 싶은 생각이 들었습니다.

집으로 걸어오면서 나는 마음이 몹시 기뻤습니다.
겨우 동전 몇 개로 축복을 두 번씩이나 받았으니까요...
정말 오늘 하루가 잘~ 될 것 같은 마음이 들었습니다.
그가 축복했기 때문입니다.
내일 집회가 있지만
그것도 잘 될 것 같았습니다.
그의 축복을 받았기 때문입니다.

축복을 하는 것도 즐겁고
축복을 받는 것도 즐겁습니다.
이래저래 인생은 즐거운 것입니다.
축복을 할 수도 있고
축복을 받을 수도 있으니까요.
주님께로 부터도 복을 받고
거리의 걸인에게도 복을 받으니
정말 기쁘고 행복한 하루였습니다.

이 글을 읽으시는 여러분들도
많은 복을 받으셨으면 좋겠습니다.

여러분

잘~~~~~ 되십시오

여러분을 축복하며
정원 드림.

2001. 6. 27

54. 세상을 사로잡는 영권을 위하여

어젯밤 모임을 마치고 늦은 시간에 지하철을 타고 집으로 오고 있었습니다.
40대 중반쯤으로 보이는 아저씨가 들어오더니 가운데에 서서 상품을 소개하기 시작했습니다.
그는 끌고 다니는 바퀴가 달린 가방에서 조그만 상자를 꺼내더니 그것을 들고 이야기를 시작했습니다.
그가 팔려고 하는 것은 상처가 생겼을 때 붙이는 밴드였습니다.
나는 그를 유심히 쳐다보았습니다.
그가 그의 물건을 팔기 위해서 어떤 식으로 말을 할지가 궁금했기 때문입니다.

그러나 나는 곧 실망했습니다.
그의 목소리는 생기가 없었습니다.
그의 설명에는 자신감이 없었습니다.
그는 사람들의 눈을 제대로 응시하지도 못하고 허공을 보면서 무기력하게 마치 독백을 하는 것처럼 혼자 중얼거리는 것이었습니다.
그는 자신이 팔고 있는 물건에 대한 확신도, 그것이 팔리리라는 믿음도 없는 것 같았습니다.

나는 걱정이 되었습니다.

나는 지하철에서 사람들이 물건을 팔 때 사람들이 그것들을 많이 사주면 기분이 참 좋습니다.

와... 저 사람 집에 들어갈 때 기분이 좋아서 애들에게 과자를 사 가지고 갈지도 몰라... 그러면 그 집에서 와! 아빠다... 하고 아이들이 참 좋아하겠지? 그런 생각을 하면 즐겁습니다.

그러나 하나도 팔리지 않아서 어깨를 떨어뜨리고 집으로 가면 저 사람의 집안 식구들이 얼마나 힘이 없을까.. 하는 생각이 들어서 슬펐습니다.

그런데 이 사람은 도무지 물건을 팔 수 있을 것 같지 않았습니다.

내 예상대로 아무도 그것을 사지 않았습니다.

그는 사람들에게 자기의 물건을 왜 사야되는지에 대해서 제대로 설득하지 못했습니다.

그는 들어왔을 때와 똑같은 처량한 모습으로 어깨를 늘어뜨리고 문을 나섰습니다.

아마 그의 인생은 모든 것이 그런 식으로 진행될 것으로 보였습니다.

밖에서는 그처럼 연약하니 집에서는 아내나 아이들에게 짜증이나 낼 수밖에 없겠지요.

그 사람의 무기력함이 너무 마음이 아프고 속이 상했습니다.

사람들이 물건을 살 때 그들은 도전 받기 원합니다. 그들은 물건을 사면서 어떤 기대를 가집니다.

그들에게 희열과 감동과 즐거움, 어떤 매력을 주어야 물건을 팔 수 있습니다.

그들은 돈을 내는 만큼 어떤 기쁨을 얻기를 원하는 것입니다.

물건 자체가 나쁘면 테크닉이 좋아도 소용이 없습니다.
그러나 물건이 아무리 좋아도 그것을 잘 팔 수 있는 설득력이 없다면 역시 소용이 없는 것입니다.

설득력은 곧 능력입니다.
사람들을 빨아들이는 흡인력 - 그것이 곧 능력입니다.
그것도 영력의 한 부분에 속하는 것입니다.
성숙과 구원과 다른 분야지만 그래도 권능에 속하는 부분입니다.

어떤 사람이 빛나는 얼굴로 웃음이 가득해서 좌중을 제압하고 웃길 수 있고 울릴 수 있고 그들에게 생기와 힘을 선사할 수 있다면 그는 물건을 팔 수 있습니다.

나는 그가 하나도 팔지 못해서 몹시 마음이 아팠습니다.
밴드 - 사실 그것은 별로 사람들에게 구매력을 일으킬 만한 매력을 가진 상품은 아니었습니다.
판매를 하기 전에 꼭 사람에게 필요하고 중요한 종목의 상품을 선택해야 하겠지요. 그러나 어쩔 수 없이 그러한 매력이 덜한 물건을 팔아야 되는 상황이라면 그 물건을 구입해야하는 논리를 개발해야 할 것입니다.

나는 만일 내가 저것을 판다면 어떤 식으로 이야기를 할까 생각을 해보았습니다.
아마 나는 먼저 사람의 마음을 열 수 있도록 유머를 시작하겠지요...
번잡한 상황에서 사람들의 주목을 끌려면 조용한 목소리가 아니라 크고

조금 빠른 그러나 자신감 있는 음성으로 말을 해야 하겠지요
또한 사람의 영을 사로잡아야 하기 때문에 낮은 음성으로 해야 할 것입니다. 낮은 음성은 그 사람 속에 있는 반대하는 영들을 묶어버리니까요...

사람들을 사로잡는 것은 초기의 약 5초에 달려있습니다. 그러므로 처음에 강력한 시작이 필요하지요
나는 굵고 강한 소리로 아마 이런 식으로 시작할 것입니다.

"여러분, 안녕하십니까?
잠시만 저의 이야기에 귀를 기울여 주십시오

학교에서 선생님이 수학 시간에 아이들에게 질문을 했습니다.
여러분. 여기 사과가 열 개가 있습니다.
그런데 내가 네 개를 먹었어요
여러분, 그럼 남은 사과가 몇 개입니까?
자, 여러분도 생각해보세요.
사과 열 개 중에서 네 개를 먹으면 몇 개가 남지요?
음.. 쉬운 것 같지요?

만득이라는 학생이 손을 들었습니다.
"선생님... 네 개인데요.."
선생님이 다시 물었어요
야, 열 개에서 네 개를 먹었는데 왜 네 개가 남아?
만득이가 대답했지요

우리 엄마가 그러는데 먹는 게 남는 거랬어요...

여러분.. 재미있지요?
정말 먹는 것만큼 분명하게 남는 것은 없지요
하지만 저는 지금 뭐가 확실하게 남고 이득이 되는 건지 한 번 보여드리겠습니다."

그리고 나는 밴드를 꺼냅니다.
사람들이 몇 명만 웃으면 적어도 한 칸에서 10개는 팔 수 있을 것입니다.

나는 밴드를 보여줍니다.
"여러분.. 보시다시피 밴드입니다.
이거 어떻게 쓰시는지 다 아시죠?
이거 먹는 것 아닙니다.
이거 먹으면 맛이 없어요. (나는 먹는 흉내를 냅니다.)
장난감도 아니지요 (나는 그것을 던지면서 놉니다.)
자, 뭐에 쓰는지 잘 아시겠지요?
여기 계신 분들 다 똑똑하게 보이서서 설명을 더 이상 안 하겠습니다.

여러분 생각하실 겁니다.
그놈의 밴드가 뭐가 필요해? 돈 천 원이 장난이냐?
하지만 잘 들어보세요
사람은 미래의 일을 모르는 겁니다.

여러분이 집에 있는데 갑자기 아이가 발이 책상에 부딪쳐 상처가 생겼어요.
여러분 잘 아시지만 그때 야, 연고가 어디 있지? 아, 밴드가 있었나? 하고 헤매게 되어 있어요.

그럴 때 여러분이 야, 걱정 말아. 여기 밴드가 있어. 내가 붙여줄 께 뭐 그런 것 가지고 난리야. 하고 무게 딱 잡고 이야기해보세요
아이들이 와... 역시 아빠야... 하지요
부인이 어머 역시 당신이군요... 이렇게 되요. 그러면 반찬, 뭐 다 달라지는 것 아니겠습니까?
자, 여러분 기억하십시오
여기 단돈 천 원 입니다.
이렇게 좋은 기회가 항상 있는 게 아닙니다.
어서 여러분의 행복한 가정을 위해 작은 투자를 하십시오..

하하하.
어때요?
감동적이지요?
이런 식으로 빠르고 자신 있게 3분 안에 말을 거침없이 피스톤처럼 쏟아낼 수 있으면 많이 팔 수 있지 않을까 싶습니다. 물론 익숙해지도록 연습을 좀 해야겠지요 무엇이든지 자기 분야에서는 프로가 되어야 하니까요.

오늘날 그리스도인들...

너무나 귀한 복음을, 진리를 가지고 있지만
지하철 속의 그 남자처럼
너무나 매력과 생기가 없습니다.
혼자서는 주님을 사랑하고 기뻐하지만
자기 속의 그 감동과 기쁨을
다른 사람에게 충격을 주고 영향력을 행사하지 못합니다.

자기들끼리만 놀고
다른 곳에서는 기도 잘 피지 못합니다.
주님과는 많이 기도하고 교제하지만
사람들 앞에서는 사람들을 사로잡지 못하며 질질 끌려 다닙니다.
복음의 권능으로 사람들의 영혼을 제압하는 것이 아니라 그저 상처받고
눌리고 도피하기에 바쁩니다.

사역자들...
지하철 속의 그 남자처럼
왜 예배에 계속 참석하고 교회에 와야 하는지
설득력을 발휘하지 못합니다.
그저 안 오면 주일 성수를 안 하니 죄다. 천벌 받는다... 그런 식의 공포
의 논리밖에 제시하지 못합니다.
기쁨과 영광과 행복과 자유함의 세계...
그것을 전달하지 못합니다.
그러나 공포의 논리는 일시적으로만 사람을 붙잡을 수 있으며
결코 지속적인 힘을 발휘할 수 없습니다.

그러나 사람이 주님의 놀라운 행복을 경험하게 되면 그들은 누구나 거기에 빠지지 않을 도리가 없는 것입니다.

우리는 매력적인 그리스도인이 되어야 합니다.
그것은 영력입니다.
생기발랄함, 행복, 자유함, 언어의 힘, 설득력...
싫어하는 사람도 강력하게 사로잡아서 이끌고 갈 수 있는 영력...
그것이 필요합니다.
조금만 뜻대로 안되면 주저앉아서 나는 아무 것도 못해.. 하고 푸념하고 있는 사람이 아닌
주님의 사랑과 행복을 전염시킬 수 있는 영권이 필요합니다.

우리가 성숙하고 섬세한 그리스도인이 될 뿐 아니라
강력한 주님의 용사가 될 때
우리는 사업에서, 사회에서
그리고 모든 만남에서
주님의 영광을 드러낼 수 있는
귀한 도구가 될 수 있을 것입니다.

우리 모두
그러한 강력한 영권을 사모하십시다.
그리고 받으십시다.
오, 주님께 영광,
할렐루야!   2001. 6. 29

55. 아직도 머나먼 길

얼마 전 밖에 나갔다가 집으로 돌아오는 길이었습니다.
나는 정류장에서 버스를 기다리며 주머니에서 차비를 내려고 동전을 꺼냈습니다.
주머니에 동전이 많이 들어있었습니다.

나는 별 생각 없이 예쁜 동전과 조금 미운 동전을 골랐습니다.
그리고 예쁜 동전은 다시 주머니에 집어넣고 더러운 동전을 꺼내서 차비로 내려고 분류를 하다가 갑자기 돌처럼 굳어져 버렸습니다.

나는 자문을 하기 시작했습니다.
내가 지금 뭘 하고 있지?
동전을 고르고 있잖아.
왜 동전을 고르지?
음.. 그건 예쁜 동전은 내가 가지고 있고
못생긴 동전은 차비로 내려고 고르는 것이지.
그런데 왜 내가 예쁜 동전을 가지고
남에게는 못생긴 동전을 줘야 하지?
나는 거기서 더 이상 자문을 이어나갈 수 없었습니다.
대답은 너무나 자명했기 때문입니다.

예쁜 것은 내가 가지고
나쁜 것은 남에게 주고
좋은 것은 내가 하고
싫은 것은 남에게 시키고
주는 것을 좋아하지만
나에게 별로 중요하지 않은 것을 주는 것…
이것은 나의 삶이었습니다.
아주 작은 일이지만
동전을 고르는 그 한가지 일은
나의 신앙의 수준,
나의 삶의 모든 부분을 보여주고 있었습니다.

나는 거리에 서서 얼어붙은 채로
오랫동안 움직일 수 없었습니다.
그저 마음이 슬프고 괴로웠습니다.
이게 내 모습이구나…
나는 아직도 멀었구나…
도대체 언제나 사람이 될까…
언제 나는 가장 귀한 것을 주님께 드리고
그 다음에 사람들에게 주고
그 다음에 내가 가지는 사람이 될 수 있을 것인가…
많은 버스가 지나갔지만
나는 스스로 회한에 잠겨 버스를 타는 것을 잊어버렸습니다.

시간이 좀 흐른 후에 나는 다시 동전을 꺼냈습니다.
그리고 가장 예쁜 동전 여섯 개를 골라 차비를 준비하면서 버스를 탔습니다.
나는 동전을 집어넣으며 이것이 나의 삶이, 인생이 바뀌어지는 상징적인 행동이 되기를 원했습니다.

너무나도 부끄럽고 한심스러운 나의 수준, 나의 모습, 그러나 그렇게 어리석기 때문에 주님을 향한 열망과 성장에 대한 소망이 더욱 간절해지는 것을 느끼면서 나는 집으로 돌아왔습니다.

주님의 빛으로 좀 더 나를 비추어 주시기를 소망하고
나의 모든 동기를 보여주시고
그리고 그러한 비춤이 비록 괴롭고 아프더라도
그로 인하여 더욱 주께 가까이 가기를 기도하는 마음으로… 나는 집을 향하여 걷고 있었습니다.

2001. 7. 4

56. 아내를 사랑하는 방법에 대하여

얼마 전에 주 안에서 사랑하는 친구와 후배 목사님과 같이 교제를 나누었던 적이 있었습니다.
그것은 매우 즐거운 시간이었습니다.
주님에 대하여, 믿음 생활에 대하여 서로 나누고 권면하는 것은 정말 즐거운 일입니다.

우리의 대화는 여러 장르를 넘나들다가 가정 생활, 아내와의 관계에 접어들었습니다.
그런데 그들은 아주 주님을 사랑하고 순수한 보기 드문 아름다운 형제들이었으며 기도 생활에도 많이 힘쓰는 이들이었는데 아내와의 관계에서는 별로 기쁨을 얻지 못하고 어려움을 겪고 있었습니다.

그리하여 나는 나의 경험을 그들에게 몇 가지 이야기해주게 되었습니다.
아내는 나를 몹시 사랑하며 내가 잠시만 없어도 서운해합니다.
나는 그들에게 그 비결을 이야기해주겠다고 했습니다.
내가 몇 가지 이야기를 하자 그들은 연상 감탄을 발하며 노트에 기록까지 하는 것이었습니다.
나는 그래서 혹시 아내와의 관계에서 고생하는 남편이 있다면 나의 방법들이 조금 도움이 되지 않을까 싶어서 몇 가지를 이야기해보기로 했습니다.

1. 나는 아주 자주는 아니지만 아내에게 나의 마음을 고백하고 표현합니다.

당신을 만나고 지금까지 같이 함께 하고 있는 삶이 얼마나 감사하고 행복한지 그리고 얼마나 당신의 헌신과 수고를 고마워 하고 있는지 이야기합니다.

아내는 감정 표현이 별로 없어서 나에게 그런 이야기를 하는 적은 거의 없으며 그러한 이야기에도 별로 반응을 보이지 않습니다.

그러나 그러한 고백은 나에게 기쁨을 주며 또한 표현은 안 해도 아내에게도 즐거움이 되리라고 믿습니다.

2. 나는 아내가 내게 무엇을 요구할 때 특별한 일이 없으면 그 즉시로 움직입니다.

아내가 "여보. 옥상에 빨래 좀 널어줘요." 혹은 "여보. 바깥에 쓰레기 좀 버려 줄래요?" 하면 나는 대체로 1초 안에 움직입니다.

나는 그녀의 부탁이 주님의 명령이라고 믿습니다.

그러므로 그녀의 말을 소홀히 하면서 주님께 기도로 가까이 나아갈 수 있다고는 생각지 않습니다.

3. 아내가 어쩌다가 조금 비싼 것을 사도 되느냐고 내게 물을 때가 있습니다.

나는 그녀를 부르고 정색을 하고 이야기합니다.

"여보... 나와 지금까지 함께 있으면서 그렇게 나를 몰라요? 당신이 즐거운 것이라면 그것은 나의 기쁨이지요. 얼마든지 사도 되요.."

그러나 나에 대한 것은 옷이든 무엇이든 내 허락 없이 함부로 사는 것을 용납하지 않습니다.

4. 아내가 내게 무엇을 부탁하거나 미안해하면 나는 이렇게 말합니다.
"괜찮아요. 당신의 행복을 위해서라면 내가 무엇인들 못하겠어요?"
처음에는 장난으로 했지만 자주 그렇게 고백하다 보니 실제로 그런 마음이 많이 들게 되었습니다.
실제로 나는 그녀를 위해서라면 목숨도, 그 무엇도 아깝지 않습니다. 생명이란 어차피 나누어 주고 죽기 위해서 존재하는 것이기 때문입니다.

5. 나는 일체의 반찬 투정이나 음식 투정을 하지 않으며 그녀가 해주는 음식은 항상 맛있게 그리고 감사함으로 먹으며 고마움을 자주 표현합니다. 그리고 아이들에게도 엄마에게 감사의 표현을 할 것을 가르칩니다.

나는 아내가 열심히 만든 음식을 맛이 있다, 없다, 짜다, 싱겁다.. 말이 많은 것은 예의가 아니라고 믿습니다.
부부가 가장 가까운 사이니 만큼 더욱 더 예의를 갖추어야 좋은 관계를 유지할 수 있겠지요
바깥에서 어쩌다 만나는 사람들과야 실수할 수도 있고 오해가 있을 수도 있겠지만 아내와 좋은 관계를 맺지 못한다면 그것은 실패한 인생일 테니까요...

6. 나는 돈을 일체 건드리지 않으며 일체의 수입은 그녀에게 다 줍니다.
나는 돈이 필요 없지만 아내는 자녀의 필요를 채워주어야 하니 돈을 쓸 데가 많을 것입니다.

내가 책을 사려고 돈이 필요할 때는 그만큼 아내가 나에게 줍니다. 남는 것은 항상 나의 책장에 놓아둡니다.
그러면 그녀가 필요하면 가져가기도 하고.. 그래서 그녀는 나의 전 재산이 얼마인지 항상 알 수 있습니다.

7. 나와 아내는 손톱 만한 비밀도 없으며 나는 모든 생각을 그녀에게 이야기하고 그녀도 똑같이 합니다.
그녀는 나의 일거수 일투족을 환하게 알고 있으며 나 역시 그렇습니다.
내가 조금만 기분이 상해도 그녀는 즉시 알고 나 역시 마찬가지입니다.

그녀는 나의 속을 다 들여다보며 입만 보아도 무슨 이야기를 하려는지 압니다.
우리는 속이 상하면 둘이서 많은 이야기를 하며 그렇게 같이 이야기하다보면 어느새 마음이 풀리고 즐거워지게 됩니다.
나는 그녀가 아내이면서 좋은 친구라고 생각합니다.
그녀도 그렇게 대하는 것 같습니다.

8. 아이들은 아빠가 엄마보다 자기들을 더 사랑한다고 생각하며 때로는 엄마에 대하여 불평을 하기도 합니다.
나는 항상 아빠보다 엄마가 너희들을 훨씬 더 사랑한다고 가르칩니다.
그리고 사실로 그렇습니다.
나는 그저 말 뿐으로 아이들을 사랑하는 것 같습니다.
그러나 그녀는 아이들의 모든 필요를 생각하고 채워줍니다.
다만 애정의 표현을 못하니 아이들이 잘 모르는 것이지요.

나는 아이들 앞에서 그녀의 입장을 세워주며 용돈도 꼭 엄마에게서 타게 합니다. 가끔 어머니에게 용돈을 드릴 때도 반드시 아내가 주도록 합니다.
그녀의 부모님께 대하여는 물질이 여의치 못하여 잘 섬기지는 못하지만 심정적으로 항상 아내가 마음쓰는 것 이상으로 배려하고 이야기하기를 원합니다. 나는 남편과 아내가 서로 자기들의 부모를 더 챙기려고 하고 그런 것을 통하여 갈등의 씨앗이 생기는 것에 대하여 잘 납득이 가지 않습니다.

9. 아내가 말할 때 나는 전심을 기울여 그녀의 말을 들으려고 노력합니다. 항상 그렇게 하는 것은 아니지만 나는 그렇게 하려고 합니다.
그녀의 말에 반응하며 적극적으로 듣습니다.
나는 그것이 주님의 음성을 듣는 비결이라고 생각합니다.
즉, 사람의 말을 잘 듣지 못하는 사람은 주님의 음성도 잘 들을 수 없는 것입니다.

10. 나는 아내의 있는 그대로의 모습을 사랑하고 용납하며 그녀를 결코 변화시키려고 하지 않습니다.
나도 결혼 조기에는 다른 많은 초보 남편들처럼 어리석어서 그녀를 내가 원하는 대로 변화시키려고 한 적이 있었습니다.
그러나 나는 곧 그것을 주님께서 기뻐하지 않는다는 것을 알았습니다.

나는 그녀에게 아무 것도 요구하지 않습니다.
그녀의 모습을 그대로 사랑합니다.

그녀가 어떤 점이 조금 부족하다고 하더라도 나는 그것이 무엇이든 그녀에게 부담을 주지 않습니다.
그것이 신앙에 대한 문제이든 성품과 기질에 대한 문제이든 나는 그녀에 대한 것이면 무엇이든 사랑하고 용납하며 받아들입니다.
설사 그녀가 주님을 사랑하지 않는다고 하더라도 나는 그러한 그녀의 모습을 사랑할 것입니다.
왜냐하면 변화란 주님께서 우리를 온전히 받아주셨을 때 우리가 변화된 것처럼 온전한 사랑과 용납 속에서 이루어지는 것이지 요구하고 부담을 주어서 이루어지는 것은 아니기 때문입니다.
나는 그녀를 위하여 짐을 지고 기도할 뿐 그녀에게 어떤 것도 요구하지 않으려고 합니다.

그녀는 돌아다니는 것을 좋아하고 나는 조용히 있는 것을 좋아합니다. 그러나 그녀가 좋아하기 때문에 나는 나의 많은 성향들을 포기했습니다. 그리고 그것은 나에게 새로운 변화와 기쁨을 주었습니다.
상대를 변화시키려고 애쓰는 것보다 자신을 허물고 상대에게 맞추는 것이 훨씬 더 행복하다는 것을 우리는 경험을 통하여 알 수 있습니다.

11. 나의 결혼 생활의 목적은 그녀의 행복이지 나의 행복이 아닙니다.
나의 관심은 어떻게 해서든지 그녀가 즐겁고 행복하기를 원합니다.
그녀가 기뻐하는 것과 주님이 기뻐하시는 것이 서로 부딪칠 때에는 나는 주님을 따라야 할 것입니다.
그러나 나는 주님께서 그녀의 기쁨을 막는 것을 거의 보지 못했습니다. 주님은 내가 그녀를 즐겁게 해주기 위하여 애쓰는 것을 대부분 기뻐하시는 것 같습니다.

어떤 이들은 배우자의 행복을 위하여 자기가 좋아하는 것을 배우자에게 강요합니다.
그러나 그것은 사랑이 아니며 강압입니다.
사랑이란 상대가 원하는 것을 채워주는 것이며 결코 상대방에게 자기가 좋아하는 것을 함께 느끼도록 강요하는 것이 아닙니다.

이러한 이야기를 들으면 사람들은 내가 몹시 희생을 하면서 사는 것으로 생각할 것입니다.
그러나 나는 이러한 삶을 즐기고 누립니다. 그리고 그러한 상대 중심의 삶이 얼마나 행복하고 즐거운 것인지는 경험해야 만이 알 수 있는 것입니다.

또한 내가 그녀에게 그렇게 해주는 것은 대부분 아내가 나에게 해주는 것들입니다.
그녀는 나를 위하여 자기의 즐거움을 포기하며 항상 나만을 위하여 헌신적으로 섬깁니다. 그러니 우리 가정이 행복할 수밖에 없는 것입니다.

이러한 이야기들이 어쩌면 어렵게 느껴질지도 모릅니다.
그러나 마음에 감동이 오는 것을 한가지씩 시도해보면 곧 느끼게 될 것입니다.
천국은 그리 멀리 있는 것이 아니라는 것을,
상대방의 기쁨을 위해서 산다는 것이

이렇게도 즐거울 수 있다는 것을..
곧 경험하게 되는 것입니다.

내가 주님을 알지 못했을 때
나는 친구가 한 명도 없었고
항상 고독했습니다.
너무 외로웠고
아무도 나를 사랑하지 않는다고 느꼈습니다.
그때 나의 관심은
오직 나, 나, 나 였습니다.
나는 오직 나를 위해서 살았고
내 기분, 내 감정, 나의 마음을 위해서 살았습니다.

그러나 지금은 그것이 바로 지옥인 것을 압니다.
지옥이란 자기를 위해서
자기만을 사랑하며 사는 삶을 말합니다.

나를 위하여 죽으시고
나를 있는 그대로 받아주신 주님의 사랑을 체험하고
나는 나를 잊어버리게 되었습니다.
이제 나의 관심은 내가 아닙니다.
내가 죽든 살든
그것은 내 관심이 아닙니다.
내가 사랑을 받든 미움을 받든

그것은 주님의 일이지 내 일이 아닙니다.

나는 이제 주님의 행복과
사람들의 행복에 관심이 있습니다.
나는 이제 더 이상 나를 섬기지 않고
주님을 섬기고
사람들의 기쁨을 돕는 자가 되고 싶을 뿐입니다.

이상하게도
예전에 나에게 집중을 하고 있을 때는
아무도 나를 좋아하지 않았지만
지금은
가는 곳마다
사람들이 나를 사랑해주고 섬기기를 원하며
보고싶다는 아우성으로 가득합니다.

참으로 놀라운 일입니다.
그토록 사랑 받기를 원할 때
아무도 나를 사랑하지 않았지만
나를 잃어버리고 사람들을 섬기고 싶어할 때
사랑은 내게 찾아와 주었습니다.

이 간단한 원리를 통하여
당신도 행복해질 수 있습니다.

자기를 사랑하며
자기를 허물지 않는 자는
계속 고독하고 억울하고 속이 상할 것이며
자기를 버리고
주님과 남을 위하여 사는 자는
천국의 기쁨을 항상 맛보며 살 것이라는 것입니다.

우리 모든 그리스도인들이
이처럼 간단한 주님의 명령을 따라가기 시작한다면
우리 모두의 가정은
날마다 천국의 향취로
가득하게 될 것입니다.
나는 그것을 믿습니다.
할렐루야.
모든 영광을
사랑의 주님께 돌려드립니다.

2001. 8. 16

57. 입체 영화같으신 주님...

어제 주일 10시 30분... 우리 가족 4명의 예배가 시작되는 시간입니다.
주원이는 교회 예배가 2시라 집에 있고 예원이는 교회 예배가 끝나고 집에 달려오면 10시 30분이 됩니다.

예원이가 자신이 반주할 수 있는 곡을 적어서 내게 줍니다.
우리는 그 곡을 다같이 찬양합니다.

잠시 기도를 드린 후 말씀을 전하기 전에 우리는 성경 봉독을 합니다.
각자 읽기 원하는 시편을 결정한 후 피아노 반주에 맞추어서 열창을 하는 것입니다.
나는 이들이 목소리를 분명하게 힘을 주어서 감정을 넣어서 기도하듯이 읽을 것을 주문합니다.

먼저 주원이의 반주로 예원이가 시편 40편을 읽기 시작합니다.
조금 읽기 시작하더니 예원이의 목소리에 눈물이 배어 나오기 시작합니다.
그러더니 펑펑 울면서 시편을 읽습니다.
예원이의 성경 봉독이 끝나자 우리는 박수를 쳐줍니다.

예원이는 읽기가 끝나자 아빠에게 안겨서 웁니다.

그리고 말합니다.
"아빠.. 아빠 말대로 감정을 넣어서 큰 소리로 읽으니까 그냥 눈으로 볼 때는 그냥 조금 좋았는데... 큰 소리로 읽으니까 내 안에 계신 예수님이 막 움직이시는 것 같애.. 속에서 마구 꿈틀거려..."
그녀는 눈물을 이기지 못하고 나는 그녀를 칭찬해줍니다.

이번에는 예원이의 반주로 주원이가 씩씩하게 시편 29편을 읽습니다.
끝나고 박수를 쳐주니 이 놈도 아빠에게 안겨서 "잉.."하며 좋아합니다.

이번에는 아내가 시편47편을 열심히 읽습니다.
중간까지 씩씩하게 읽더니 갑자기 목이 잠겼습니다.
그러더니 또 통곡입니다.
간신히 끝까지 읽고 우리는 모두 박수를 쳤습니다.
아내는 말합니다.
"5절까지 잘 읽었는데 6절에서 찬양하라, 찬양하라, 찬양하라..이 말씀이 세번 나오는 데 마치 속에서 뭔가가 폭발하는 것 같았어요.."

나도 시편 42편을 읽습니다.
나 역시 신앙 고백 식으로 간절히 읽자 감동과 전율이 말씀 속에서 흘러 나오는 것을 느낍니다.

여호수아에게 임했던 두려움들, 모세와의 비교의식, 그러나 주님께서 어떻게 그를 다루시고 임하셨는지에 대하여 간단히 말씀을 전합니다.
아이들은 여전히 열심히 질문을 하고 대답을 해주면 배를 잡고 웃습니다.
그리고 마친 후에 열심히 기도.
그렇게 우리의 즐거운 예배는 끝이 납니다.

예배를 마치고 식사를 한 후 예원이는 친구 약속으로 밖으로 나가고 우리 셋은 연신내 전철역 앞에 있는 연신내 문고로 갑니다.
주원이는 책방으로 먼저 내려가고 나와 아내는 위의 벤치에 앉아서 커피 우유를 마시며 담소를 나눕니다.
나는 그녀에게 성경을 크게 소리내어 읽을 때의 느낌을 물어보았습니다.
아내는 대답했습니다.

"음.. 뭐냐하면.. 마치 이런 것 같아요... 꼭 입체 영화를 보는 느낌.. 그냥 영화는 밋밋한데 입체 영화는 꼭 진짜처럼 실감이 나고 내게 직접 다가오잖아요.
성경을 감정을 넣어서 큰 소리로 읽을 때 정말 내가 아닌 내 안에 계신 분이 역사하고 반응을 하는 것이 느껴져요..."

나는 고개를 끄덕였습니다.
입체 영화라.. 입체 영화 같은 주님의 역사...
아내가 항상 신조어를 만들어 내는 데 도사라는 것은 잘 알고 있었지만 이 말은 정말 그럴듯하게 들렸습니다.

정말 그분은 입체 영화십니다.
그분이 살아서 우리의 심령 속에서 움직일 때

우리는 모두가 다 그 영화에 사로잡히게 됩니다.
그분의 영광이 너무나 아름다워
우리는 잠시도 다른 것으로
눈을 돌릴 수 없게 되는 것입니다.

오늘도 우리 모두에게
입체영화같은 주님의 풍성한 살아계심, 실제가
임하셨으면 좋겠습니다.
그분의 영광이 우리에게 임하실 때
우리의 모든 삶, 모든 순간은
천국처럼 아름답게
빛나게 될 것입니다.
그리고 그것은 바로
천국입니다.

2001. 9. 3

58. 한 여름 밤의 고백

오래 전 나는 어떤 형제와 약속이 있었습니다.
오랜 만의 만남이라 참 즐거웠지요.
그런데 약속 시간이 한 시간 가까이 지났는데도 형제는 나타나지 않았습니다.
나는 습관처럼 마음의 무릎을 꿇고 주님께 물었습니다.
"주님.. 왜 그러십니까? 이것은 무슨 메시지입니까?"

거의 기다릴 필요도 없이 선명한 주님의 메시지가 다가왔습니다.
"내 아들아. 너의 감정을 십자가에 못박아라.
네가 보고싶은 사람, 네가 좋아하는 사람을 만나려 하는 것보다 너를 필요로 하는 사람, 나를 만나기 원하는 사람을 만나려고 애써라."

그 메시지는 내게 충격이었습니다.
나는 나의 감정이 주님께 이미 드려졌다고 생각했었습니다.
그러나 나는 여전히 나의 기호가 있고 좋고 싫은 사람이 있으며 주님의 필요보다 나의 마음을 좇아 움직이려는 속성이 있음을 알게 되었습니다.

주님의 말씀은 계속 되었습니다.
"나를 추구하고 사모하지 않는 이와 너는 가까이 있을 필요가 없다.
어떤 이들은 그러한 사명을 가지고 있으나 나는 너에게 그러한 사명을 맡기지 않았다.
너는 오직 나의 생명에 대하여 나의 사랑에 대하여 이야기해야 한다.
그렇지 않고 너의 인간적인 기호에 따라 시간을 사용한다면 너는 나의 시간을 낭비하고 있는 것이다."

그 메시지는 나에게 충격을 주었기에 나는 오래 동안 그 메시지에 잠겨 있었습니다.
형제와 헤어져 집으로 돌아오면서도 나는 줄곧 그 메시지에 사로잡혀 있었습니다.

나도 개인적인 취향이 있었습니다.
어떤 스타일은 좋아했고 어떤 스타일은 싫어했습니다.
그러나 그 모든 것들은 다시 재편되어야 했습니다.
그들은 주님께 대하여 열려 있느냐.. 그리하여 지금 그들에게 주님의 기름을 부을 수 있느냐.. 아니면 주님의 시간을 기다려야 하는 사람이냐..
오직 그 기준으로 재편되어야 했습니다.
나의 기준이 아닌 주님의 기준으로 재편되어야 했습니다.

우리는 우리의 감정을 십자가에 못박아야 한다는 것을 잘 알고 있습니다.
그러나 현실의 삶에서 우리는 감정의 지배를 받으며
우리의 기호의 지배를 받습니다.
그리고 주님의 성향보다 우리의 성향을 만족시키려고 합니다.
그리고 그것을 위하여 기도합니다.

오, 그러나 우리는 경험하게 됩니다.
우리의 감정을 만족시키려는 시도는
결코 이루어지지 않으며
그것은 불안과 긴장과 허무함을 일으킬 뿐이라는 것을 말입니다.

우리의 감정이 진정 주님과 연합되어
주님이 기뻐하시는 것을 우리가 기뻐하고
주님이 기뻐하시는 사람을 우리가 기뻐하며
주님이 싫어하시는 것을 우리도 싫어한다면
우리는 진정한 행복이 무엇인지
천국이 무엇인지 알게될 것입니다.

주님은 사람들에게 말하셨습니다.
누가 나의 진정한 가족이며 형제이냐?
여기에 있는 하나님을 사랑하며
하나님의 뜻대로 하려고 하는 이들,
그들이 곧 나의 형제며 가족이니라.

우리 모두 다 그렇게 고백할 수 있기를 바랍니다.
주님.
당신의 사랑이 나의 사랑이며
당신의 기쁨이 나의 기쁨입니다.
당신의 슬픔이 나의 슬픔이며
당신의 소원이 곧 나의 소원입니다.

주를 사랑하는 자를 내가 사랑하며
주를 아프게 하는 자는 곧 나를 아프게 하는 자입니다.

돌아오는 길
밤이 늦어서 버스는 끊겼고
나는 전철역에서 집을 향하여 걸었습니다.
시원한 밤 바람을 맞으면서
나는 계속 고백하며 걸었습니다.

주님의 사랑하는 자가 나의 사랑하는 자이며
주님의 가족이 곧 나의 가족입니다...
주님의 슬픔이 곧 나의 슬픔이며
주님의 기쁨이 곧 나의 천국입니다...

한 여름의 깊은 밤
주님과 함께 걸으면서 맞는 바람은
너무도 달콤하고 쾌적하게 느껴졌습니다.
주께 고백을 반복하며
나는 집을 향하여 걷고 있었습니다...

2001. 9. 28

59. 사람을 높이는 위험에 대하여

요즈음 나는 하나의 위기 의식을 느끼고 있습니다.
전화를 주시는 분이나 집회에서, 또 만남에서, 메일에서 많은 찬탄과 높임을 받고 있기 때문에 조금 염려가 되고 어디론가 도망을 가고 싶은 마음이 많이 생깁니다.

물론 주님께 온전히 사로잡힌 사람이라면 그런 데에 무신경하겠지요...
그러나 나는 그렇지 않기 때문입니다.

지금부터 13년 전, 처음으로 목회사역을 하면서 나는 비슷한 위기감을 느낀 적이 있었습니다.
나는 메시지를 전하면서 주님의 생명 되심을 많이 이야기했습니다.
행위와 열매 자체보다 영성의 근원에 집중해야 할 것을 많이 이야기했습니다.

사람들은 사랑이나 용서, 감사해야 하는 것..등등 어떤 행위나 열매에 집중하려고 합니다.
그래서 그들은 묶이며 비탄에 빠집니다.
그들은 할 수 없기 때문이지요...
그런 것이 바로 율법인 것입니다.
그러나 주님을 바라보면 자연히 사랑하게 되고 용서하게 되고 기뻐하게 됩니다.

나는 주님의 생명 되심, 진리 되심을 많이 다루었고 대부분의 사람들은 처음 듣는 메시지였습니다.
그들은 점차 예배를 기다리는 것이 삶의 기쁨이 되었습니다.
교회의 분위기는 참으로 달콤해졌고 나는 마음이 몹시 흐뭇했습니다.

그러던 어느 주일 나는 비슷한 이야기를 반복해서 들었습니다.
그 주간에는 그런 이야기를 계속 듣게 되었습니다.
우리의 성도들은 말했습니다.
"여기에 생명이 있다."
"이것이 진리이다."
"다른 데에 무슨 생명이 있는가."
그들은 쉽게 다른 교회를 판단하고 평가했습니다.
나는 마음이 무너지는 것을 느꼈습니다.

그 다음 주 수요일, 나는 아픈 마음을 가지고 강단에 섰습니다.
그리고 이렇게 말했습니다.

"여러분.
저는 참 바른 사역을 하고 싶었습니다.
참으로 순수하게 주님만을 사랑하는 교회를 이끌고 싶었습니다.
그러나 이렇게 될 줄은 정말 몰랐습니다.
여러분은 이곳에 진리가 있다고 말합니다.

이게 참 생명이라고 합니다.
다른 교회에 무슨 생명이 있냐고 합니다.
여러분, 그게 바로 이단입니다.
우리만 옳고 바른 진리를 가지고 있다는 것... 그것이 바로 이단입니다.
이 모든 책임은 오직 나에게 있습니다.
나는 지옥 불에 떨어져야 마땅합니다.
나는 주님의 저주를 받아야 마땅한 사람입니다."

거기까지 말하고 더 이상 말할 수 없어서 나는 강대상을 내려와 땅바닥에 무릎을 꿇고 울기 시작했습니다.
그리고 교회 안에 있던 모든 사람들은 같이 통곡하기 시작했습니다.
그리고 그 후에는 아무도 그러한 이야기를 하지 않았습니다.

나에게 아빠라고 부르는 분들이 계시지요... 과거에도, 지금도...
그러나 주님은 땅에 있는 자를 아비라 하지 말라, 너희는 지도자라 칭함을 받지 말라, 주님만이 지도자라고 하셨습니다.
나는 영적인 아빠가 아니며 영적 지도자가 아니며 영적인 자녀를 두고 있지 않습니다.
다만 그들이 사랑과 애정으로 가족처럼 여기는 것으로 받아늘이고 감사할 뿐입니다.
우리는 모두 가족이며 주님을 따라가는 어린 양들입니다.

당신은 정말 대단한 종입니다... 이런 말이 즐겁게 들린다면 이미 주님의 대적자가 되기 시작하는 것이겠지요...

우리가 실제로 주님을 고통스럽게 해도 우리는 얼마든지 이것이 주님을 위한 일이라고 믿을 수 있다는 사실을 기억해야 합니다.

요즘에 많이 듣는 말... 한국에 이런 종이 있다니... 기독교 역사상... 진정한 도사 목사... 영계의 최고봉... 주로 이런 말들이지요. 기가 막혀서 말도 안나옵니다.
이런 이야기를 계속 듣게 된다면 글도, 책도, 집회도 중단하고 어디론가 숨어버려야 겠지요... 그런 이야기들은 사람의 영혼을 타락시키고 주님을 슬프시게 하는 것입니다.

우리는 주님을 사랑하고 위하는 것 같으면서도 교묘하게 포장된 자기 사랑을 분별하고 경계해야 합니다.
오, 주님... 저를 크게 사용하여 주시옵소서...
그런 기도도 자아적이고 육적인 것입니다.
누구를 어떻게 쓰던 그것은 주님의 선택입니다.
우리는 크고 위대하게 쓰여져야 할 이유가 없습니다.
그렇게 자신에 집중하다보면 다른 사람이 귀하게 쓰여지는 것을 보고 질투하고 기분이 나빠지게 됩니다.

내가 가장 많이 사용하는 물건은 수첩과 펜입니다. 나는 어디 가든지 수첩과 펜을 가지고 다니며 잠잘 때에도 수첩과 펜을 옆에 놓고 잡니다. 화장실에도 가지고 다닙니다.
시계는 벽에 걸어놓고 거의 쳐다보지 않지요...
그러나 나는 주님께 꼭 수첩처럼 쓰여지고 싶지는 않습니다.

그것은 주님의 선택이며 나의 소원은 주님의 원하심일 뿐입니다.
주님의 풍성함이 꼭 나를 통해서 이루어져야 할 이유는 없습니다.
그저 벽에 걸려있는 시계처럼, 어쩌다 한번 주님이 쳐다보셔도 나는 그것으로 만족할 것입니다.

어떤 단체든 교회든 거기에서 나오는 간행물은 그 곳의 지도자나 사역을 높이는 것을 많이 봅니다.
이런 식입니다.
이 곳에 오기 전까지는 모든 것이 엉망이었다...
성질도 극복이 안되었고...
그런데 여기 와서 모든 것이 바뀌었다...
행복하다, 천국이다... 이곳에 인도하신 주님께 감사드린다...
나는 그런 곳을 수없이 많이 보았습니다.

물론 조직의 홍보를 위한 것이며 그런 글이 아니면 실어주지도 않지요...
간증도 꼭 지도자를 높여야 대접을 해줍니다.
그러나 이런 식의 육적인 방법으로 유지될 조직이면 무너지는 것이 낫습니다.
이 땅에서 흥해도 그것이 심판 날의 안전을 보장해주는 것은 아니기 때문입니다.

쉽게, 너무 익숙해지고 있는 육적인 방법들, 신앙과 영성의 이름으로 쉽게 행해지는 거짓들...
그러나 그러한 것들이 주님을 우리의 교회에서, 조직에서 서서히 떠나시게 한다는 사실을 우리는 잊어서는 안됩니다.
세월이 많이 흐르고 모든 것이 무너진 다음에 깨닫는 것은 너무 늦습니다.

우리는 사람을 높여서는 안됩니다.
교회를 높여서도 안됩니다.
단체를 높여서도 안됩니다.
그러한 것들은 주님의 영광을 가립니다.
우리가 바라보고 높일 분은 오직 주님이시며 오직 그분의 사랑과 영광만을 드러내고 간증해야 할 것입니다.

주님만이 주인이십니다.
우리가 가진 모든 것들은 오직 주님이 주신 것입니다.
우리는 진정 그분의 손에 붙들려서
최선을 다하여 순종을 한 후에
그분 발 앞에 엎드려
우리는 무익한 종이라,
마땅히 해야할 것을 했을 뿐이다...
그렇게 고백해야할 것입니다.

2001. 6. 30

60. 무소유를 향하여

결혼 전에 친하게 지내던 친구와 같이 좋아하는 누나가 있었습니다.
우리는 셋이서 자주 만났습니다.
이성적인 관계는 아니었고 기도원이나 집회에 같이 가서 기도하고 교제하며 주님을 나누는 것을 즐겼었지요...
나는 어릴 적부터 어두운 삶에 익숙해있었고 즐거움과 행복은 나와 별로 상관이 없다고 생각했었습니다. 그래서 즐거운 일이 생기면 기쁘기보다 어색해서 견딜 수가 없었습니다.

어느 날 친구와 같이 있다가 친구가 누나에게 전화를 해서 불러내라고 내게 이야기했습니다.
나는 좋다고 대답하고 누나에게 전화를 했지요
누나가 전화를 받았습니다.
나는 잠깐 기다리라고 하고 친구에게 전화를 바꾸어주었습니다.
그런데 전화를 받은 친구는 이상하다며 전화가 끊어졌다는 것이었습니다.

나는 그 누나가 화가 나서 전화를 끊은 것을 알았지만 그녀가 왜 화가 났는지는 알 수 없었습니다.
이 친구는 눈치가 조금 없는지라 다시 전화를 걸어서 그녀에게 마구 농담을 했는데 그녀가 다시 전화를 끊어버렸습니다.

친구는 영문을 몰라했습니다. 전화가 잘못된 것이 아니냐고 했습니다.

나는 그녀가 화가 났다고 이야기하고 조금 후에 다시 전화를 했습니다.
이유를 묻자 그녀는 화가 난 이유를 말했습니다. 전화를 했으면 사유를 이야기해야지 왜 다른 사람에게 전화를 돌리냐는 것이었습니다. 자기가 무슨 물건이냐고 화를 냈습니다.
나는 사과를 하고 전화를 끊었습니다.
그녀가 어떤 다른 일로 기분이 상해있는지는 모릅니다.
아무튼 친구와 나는 상당히 충격을 받았습니다.

그 후로 그녀와 우리에게는 벽이 생겼습니다.
친구는 말하기를 혈기를 내는 자매하고는 만나고 싶지 않다고 했습니다. 그 친구는 책을 한 권 사서 그녀에게 선물을 하며 책의 첫 페이지에 눈물로 우리의 과실에 대하여 용서를 구했습니다. 그러나 그 후로 우리의 교제는 그것으로 끝이 났습니다.
결국 나의 실수 때문에 신앙 안에서 참 순수하고 아름다웠던 교제가 끝이 나 버린 것입니다.

나는 나중에 생각해보았습니다.
왜 나는 좋아하는 누나의 목소리를 듣고 통화를 하고 싶었는데 친구를 바꾸어주었을까요?
그것은 나의 부정적인 성품 때문이었을 것입니다.
나는 그녀와 대화를 하면 너무나 즐거웠습니다.
그녀는 내가 많이 아팠을 때 친구와 함께 꽃을 사 가지고 위문을 오기도 했었습니다.

나는 그녀와 함께 나누고 대화하는 그러한 행복을 내가 가질 수 있다는 것이 너무 황송하고 믿어지지 않았습니다.

그래서 그것이 너무 즐겁고 기쁘기 때문에 친구에게 양보를 했던 것입니다.

그녀와의 대화가 즐겁지 않았다면 친구에게 양보하지 않았을 것입니다.

그러나 그것이 내게 큰 기쁨이 되기 때문에 내가 가지고 있기가 미안했습니다.

그러나 너무 황송해서 거부한 것 - 그것이 상대에게 상처를 줄 수도 있다는 것을 알게 되었습니다.

하지만 나는 지금도 생각합니다. 그래도 그것이 당연하게 얻으려고 하고 소유하려고 하고 쟁취하려고 하는 것보다 낫지 않은가 하고 말입니다.

13년 전 처음 목회를 시작하면서 나는 그런 이야기를 했습니다.

나는 이 교회의 사역자가 아니다.

나는 주님의 종이다.

여러분도 이 교회의 성도가 아니다.

여러분은 주님의 양이다.

우리는 서로 집착과 소유의 관계가 되어서는 안 된다.

만약 여러분 중에서 누구든지 나의 설교가 은혜가 안되고 이 교회에서 영적인 충족을 얻을 수가 없어서 다른 교회로 가고 싶다면 언제든지 이야기해라.

쌍수를 들고 환영하겠다.

영적 성장을 위해서 우리가 존재하므로 영적 성장을 위해서라면 얼마든지 떠나는 것이 당연하다.
그렇게 말하면서 사역을 시작했습니다.
실제로 시간이 좀 흐른 후에 설교가 은혜가 안 된다고 떠나겠다고 하는 형제 자매가 있었고 나는 집에 와서 울기는 했지만 그녀 앞에서는 기쁜 표정으로 축복기도를 해주었습니다.

그리고 나는 성도들을 데리고 별 집회를 다 다녔습니다.
외국에서 유명한 목회자가 와서 집회를 인도하면 우리 예배를 그만두고 다같이 가서 예배를 드렸습니다.
여러 선교단체에 가서 찬양집회에 참석하기도 했습니다.
나는 한 교회에서 한 우물만 파는 것보다도 성도들이 다양한 세계를 알고 눈이 열릴 수 있기를 원했습니다.
사역자들은 다 제각기 은사와 달란트가 다르기 때문에 한곳에만 있으면 편식할 수밖에 없어서 신앙의 균형이 어렵습니다.
그러므로 나는 성도들이 다양한 음식을 먹고 스스로 분별력을 키워갈 수 있기를 원했습니다.

언젠가 교회의 리더격인 자매가 어떤 선교단체에서 훈련받기 원하는 원서를 가지고 목회자의 추천을 받기 위하여 나의 눈치를 보면서 내게 왔을 때 나는 그녀에게 말했습니다.
나와 그동안 같이 살아오면서 아직도 나를 모르느냐... 우리의 목표는 주님이고 이 교회가 아니다... 훈련을 열심히 받아라.. 주님이 말씀하신다면 그곳에서 헌신하고 여기를 떠나도 된다... 그녀는 그 말에 울었고 나는 그녀를 축복했습니다.

그러나 상황은 간단하지 않았습니다.
나는 많은 사역자들이 성도들이 다른 곳에 가는 것을 싫어하는 이유를 조금 알 것 같았습니다.
그녀가 훈련받기 시작한 후로 우리의 사이에는 벽이 생겼습니다.
그녀는 그곳의 영적 분위기와 시각으로 교회의 모든 것과 설교를 판단하기 시작했고 나의 이야기는 자기를 치는 것으로 생각했습니다.
왜 그런지는 모르지만 그녀는 내가 그녀를 미워한다고 생각했습니다. 아마 그녀는 자녀를 키워보지 않았기 때문에 자녀를 보는 부모의 마음이 어떤 것인지 잘 몰랐을 것입니다.

밤을 새며 주님의 이야기, 많은 것들을 나누던 우리의 관계는 어색한 벽이 생기게 되었습니다.
그녀와 이 어색함을 풀기 위해서 이야기를 하는 도중에 그녀는 갑자기 "추워요..."하고 말하더니 바깥으로 뛰쳐나가고 말았습니다.
나는 그녀를 위로하려고 했는데 그녀는 그것을 비아냥거리는 것으로 알았던 것 같았습니다.

나는 놀랐습니다.
나는 너무 슬펐습니다.
내가 원하는 교회는 이런 것이 아니었습니다.
나는 사랑의 관계, 아름다운 만남을 원했습니다.
우리는 당시에 날마다 모였습니다.

그들은 명절이 되어 고향에 내려가면 불과 하루 이틀 떨어져 있는데도 그것을 참지 못하여 지방에서 전화를 했고 날마다 한번정도는 나의 목소리를 들어야 살 수 있었습니다.
그런데 이런 모습이 되다니...

나는 놀래서 그녀에게 무릎을 꿇었습니다.
그리고 용서하라고 말했습니다.
그러나 그녀의 마음은 회복되지 않았습니다.
나는 그녀를 달래서 그녀의 집까지 바래다주었습니다.
그녀가 집으로 들어간 후 나는 그 집 앞의 층계에 주저앉았습니다.
그리고 거기에 주저앉은 채로 무너지는 가슴을 안고 밤을 꼬박 새웠습니다.
그리고 생각했습니다. 훈련이란 무엇인가. 헌신이란 무엇인가. 왜 그리스도인 사이에 이러한 벽이 있어야 하는가. 나의 순진한 교회관이 무너져가는 순간이었습니다.

불편한 관계 속에서 결국 그녀는 교회를 떠났습니다.
지금에야 익숙하지만 13년 전의 당시는 그것은 내게 지옥이었습니다.
나는 이별을 미워하지 않았습니다.
이별도 많이 있었습니다.
그러나 그전의 이별은 항상 그리움과 보고싶음을 가득 담은 이별이었습니다. 이런 형태의 이별은 없었습니다.

그때 교회는 3-40명 정도의 젊은이들로 구성되어 있었지만 한 마디로 말해서 천국이었다고 말할 수 있었습니다. 천국의 기쁨 - 다른 말로는 표현할 수 없는 만남과 행복이었습니다. 우리들은 서로 간에 사랑과 그리움으로 가득 차 있었습니다.

그러나 그 순간 천국은 끝이 나고 지옥이 시작되었습니다. 당시만 해도 나는 교회를 허무는 영적인 싸움, 전쟁에 대해서 무지했습니다.
나는 그녀를 잊는데 몇 년이 걸렸습니다.
처음으로 불편함 속의 이별이라 잊을 수가 없었습니다.
첫 1년은 토요일마다 그녀 생각이 나서 거의 눈물로 보냈습니다. 그녀가 없는 주일... 주일에는 설교할 힘이 없었습니다. 하고 싶지도 않았습니다.

오랜 세월이 흐른 후에 그녀는 용서해달라는 전화를 해왔습니다. 그러나 아빠와 딸 사이에는 그런 말이 의미가 없는 것입니다. 사역자는 영적인 부모로서 자식을 그리워하고 사랑할 수 있을 뿐이지요. 그리고 부모가 되지 않으면 그것이 어떤 것인지 알 수가 없는 것입니다.
용서, 후회... 그런 것들은 다 부질없는 말이지요. 또한 그것이 지난 시절의 모든 고통들을 회복시킬 수는 없는 것입니다. 이미 많은 것들이 파괴되고 무너졌으니까요...

상처가 아직 아물기 전에 다른 자매가 같은 선교단체에서 훈련받기를 원하는 추천서를 내밀었습니다.
그러나 내가 역시 기쁨으로 추천하고 축복하자 그녀도 내심 놀란 것 같았습니다.
이번에는 전과 같은 비참한 관계가 되지 않고 싶어서 조심하면서 그녀를 대했고 물질적인 지원도 했습니다. 그러나 그 끝은 좀 더 비참했습니다. 첫 번째 자매는 우리 교회를 이단시하고 나가지는 않았으니까요... 이번 충격에는 아내까지 쓰러져서 미안한 마음뿐이었습니다.

교회 밖에서는 미움, 시기, 질투... 각종 악한 영들의 역사가 많습니다. 그러나 나는 교회까지 그러한 분위기가 되게 하고 싶지는 않았습니다. 모임시간에 항상 나의 설교를 공격하고 비판하던 형제가 그런 이야기를 했습니다. 세상에 원래 미움, 분노, 싸움이 있는 것 아니냐고요... 나는 대답했습니다. 교회 안에는 없다. 아니, 있어서는 안 된다... 라고요...

언젠가는 성가대를 지휘하는 형제가 사람들이 늦게 온다고 마구 성질을 냈던 적이 있었습니다. 그래서 나는 형제에게 말했습니다.
"이제 성가대 하지 마라. 교회에서 성가대 없어도 괜찮다. 화를 내면서까지 해야할 일은 교회 안에서는 없다."

사람들은 교회 안에서 별것 다 가지고 싸웁니다. 행사 때문에 싸우기도 하고 모임 때문에 싸우기도 하고 음식 때문에 상처받기도 합니다.
나는 그렇게 이야기합니다. 싸우면서 할 바에는 모임도, 집회도, 음식도 필요 없다. 교회는 오직 사랑하고 평화로워야 한다. 싸우고 싶은 사람은 여기에 나오지 마라. 오직 사랑하고 사랑 받고 싶고 위로 받고 싶은 사람만 나와라... 그렇기 때문에 우리는 분열과 갈등이란 생각도 할 수 없었습니다.
기도회 때문에 싸우는 사람들도 있습니다. 그러나 싸우면서 까지 기도할 필요는 없습니다. 그것은 쓸데없는 시간낭비입니다. 그런 기도를 주님이

들으실 리는 없으니까요

한번은 세 사람의 자매가 갈등이 있어서 서로 용서하지 않길래 나는 그녀들을 설득하느라고 밤을 샜습니다.

한 자매는 3시간, 다른 자매는 5시간, 다른 자매는 7시간이 걸렸습니다. 하지만 과정은 힘들었지만 세 사람의 자매가 결국 서로 사랑과 용서를 고백하고 서로 포옹하고 울면서 언니, 미안해, 힘들었지, 나를 용서해라... 그 장면은 정말 천국이었습니다. 그런 맛 때문에 목회를 하는 것이지요...

간혹 설득이 안 되는 경우도 있었습니다.

나의 어떤 말도 듣지 않길래 내가 "용서하지 않을 바에는 이 교회 나오지 마라... 이 교회는 그런 사람이 있을 곳이 없다..." 하고 말했는데 여전히 굳은 얼굴로 "생각해보겠습니다." 하고 말하는 것이었지요. 평소에는 지구상 끝까지 따라가겠다는 자매가 말입니다.

나는 가슴이 무너져서 "그래... 너희들이 무슨 죄가 있나..다 지도자를 잘못 만나서 그렇지..."하고 밖으로 나와서 통곡했는데 그녀들도 같이 떼굴떼굴 구르며 울고 회개하는 것이었습니다.

서로 사랑하고 보고싶어하며 서로를 깨느리고 주님을 더 싶이 알기 원하는 교회는 아름답습니다. 그리고 그것은 천국입니다. 거기에는 천국의 향취가 있습니다.

그러나 이러한 비극적인 벽들을 통해서 이 천국은 무너지기 시작했습니다.

충격으로 내가 설교할 힘을 잃고 연약해졌을 때 어떤 형제가 나를 비난하던 것이 마음에 깊이 꽂혔습니다.

그 형제는 내가 인도하던 집회에서 나타난 역사를 보고 놀라서 우리 교회에 온 형제였습니다. 그는 나를 대단한 존재로 생각하다가 연약한 모습을 보고 실망한 것 같았습니다.

나는 주님께 항변했습니다.

"주님.. 지금 너무 지쳐있습니다. 저도 한번쯤은 위로를 받고 싶습니다."

그 때 주님의 음성은 선명했습니다.

"저 형제의 말이 맞다. 네가 능력을 잃고 쓸모가 없어진다면 너는 버림받는 것이 마땅하다. 그것이 사역자의 운명이다. 너는 서운해하지 말아라. 모든 성도들은 이기적이며 그것은 당연한 것이다. 너는 마지막 피까지 흘리고 어떤 보상도 요구하지 말아라."

그때 주님의 음성은 몹시 냉정했고 나는 놀랐습니다. 그러나 그 음성 이후로 나는 회복되었습니다.

나는 결국 교회의 하나됨, 천국을 파괴하는 것은 결국 한가지라는 것을 알았습니다.

그것은 곧 탐욕입니다.

소유욕입니다.

교회든, 선교단체든, 누구든 서로 소유하려고 하고 지배하려고 하고 내것이라고 하면 그 관계는 이미 천국이 아닙니다. 서로 묶이는 관계가 됩니다.

왜 내 성도가 다른 곳으로 가는 것에 상처를 받고 배반이라고 하고 욕할까요?

그것은 내 성도이다. 내 것이다. 라는 소유의식에서 벗어나지 못했기 때문입니다.
왜 고부갈등이 있을까요? 시댁갈등이 있을까요? 자식을 내 것이라 생각하기 때문입니다.
왜 배우자를 지배하고 간섭할까요? 질투할까요?
사랑하지 않고 소유하며 지배하려고 하기 때문입니다.

이 세상의 많은 소유욕, 탐욕이 있습니다. 자식에 대한 소유욕, 배우자에 대한 소유욕... 그러나 가장 비참한 소유욕은 성도들에 대한 사역자의 소유욕입니다.
그것은 교회를 서로 견제하고 시기하고 경쟁하게 합니다. 그것은 주님의 한 몸된 교회를 파괴합니다.
지금 주님을 가장 고통스럽게 하고 있는 것은 교회의 분열입니다.
5만개의 교회가 같은 주님을 섬긴다고는 도저히 믿을 수 없을 정도로 서로 미워하고 경쟁합니다.
다른 교회가 부흥되고 잘되는 것을 기뻐하는 교회들은 거의 없습니다. 거의 대부분은 시기하고 질투하거나 상대적인 박탈감을 느끼며 "주님, 저는 뭡니까?" 하고 울부짖습니다.

사역자들은 다른 사역자가 사랑을 받고 인정을 받는 것을 참지 못합니다. 자기의 성도라고 생각하는 사람이 다른 사역자를 사랑하고 존경한다면 그것을 견딜 수 있는 사역자는 별로 많지 않습니다.

어떤 자매가 내가 사역하는 교회에 와서 몹시 행복을 느꼈습니다.

그녀는 항상 자살의 충동을 느꼈고 삶의 기쁨이 뭔지를 몰랐으나 이제 예배를 통해서 하나님의 임재와 영광에 대해서 알게 되었습니다.
그녀의 삶은 주일이 지나면 수요예배를 기다리고 수요일이 지나면 금요예배를 기다리는 맛으로 사는 것이 되었습니다.
그러나 그녀의 부모는 그녀가 그들이 다니는 교회로 옮기기를 원했습니다. 그 교회의 목사님이 하나님께서 그렇게 명령하셨기 때문에 순종해야 한다고 했기 때문입니다.
그러나 그녀는 부모의 말을 듣지 않았습니다.
그러자 그녀의 부모는 자매가 이단에 빠졌다고 많이 때렸습니다.

부모들은 내게 협박성의 전화를 시도 때도 없이 했습니다.
그러나 나는 그녀가 가엾어서 어떻게 해야할 지를 몰랐습니다. 오직 유일한 삶의 낙이 우리 교회에서 드리는 예배라는 자매... 주일 예배가 끝나면 수요일을 기다리고 수요일이 지나면 다시 금요일을 기다리는 자매.. 그녀의 사랑... 왜 그들은 그토록 애타는 딸의 마음을 이해하지 않을까.. 우리는 서로 사랑하고 보고싶어 하는데 왜 이것이 허락될 수 없을까...나는 너무 안타까웠습니다.
그들은 항상 하나님의 뜻이라는 말을 입에 달고 있었기 때문에 어차피 대화는 안 되는 상태였습니다.
말끝마다 하나님의 뜻을 달고 다니는 사람처럼 무서운 사람은 없습니다. 또한 기도 많이 한다고 소문난 사람처럼 두려운 사람도 없습니다. 주님과의 실제적인 교류가 없는 그러한 외적인 간판은 실로 무서운 것입니다. 영성에 대해서 많이 가르치고 이야기하고 다니는 분들은 더 무섭지요... 실상이 없는 피상적인 껍데기는 사람을 얼마나 착각하게 하고 비참하게 만드는지 모릅니다.
심한 구타 끝에 자매는 기도원으로 도망갔습니다.
그녀가 온몸이 상하도록 맞았다는 이야기를 들은 느낌은 심장이 톱으로 썰려지는 것 같은 느낌이었습니다.
그녀의 어머니는 전화를 걸어 온갖 욕설을 퍼부었습니다.
전화로 우리는 서로 악을 썼습니다.
그녀는 "너, 고소할거야!" 하고 계속 외쳤고 나는 "집사님, 사랑합니다!" 하고 계속 외쳤습니다.
그리고 시간이 갈수록 그녀의 목소리는 잦아 들어갔습니다.
그녀는 "목사님.. 사랑한다면 그렇게 하지 마세요.." 하고 목소리가 가라앉았습니다.
나 때문에 그녀도, 그녀의 가정도 고통을 겪었습니다.
내가 없었으면 그런 아픔은 없었겠지요...

그날 밤 나는 일기장에 그런 이야기를 썼습니다.
"나에게로 오려는 사람들을 주위 사람들은 내버려두지 않는다.
그들은 항상 고통을 당하게 된다.
남편이 좋아하면 아내가 괴롭힌다.
아내가 좋아하면 남편이 핍박한다.
자녀가 좋다면 부모가 싫어한다.
부모가 좋다면 자녀들이 반대한다.
부부가 좋다면 시댁이나 친정이 괴롭힌다.
모두 다 같이 영의 눈이 뜰 수는 없을까?
이 땅에서는 항상 한 쪽만 눈이 열려서 다른 쪽은 핍박을 해야만 하는 것일까?
나는 이제 아무 것도 소유하지 않을 것이다.
내 것이 없으면 빼앗으려고 하지 않겠지...
나는 아무 것도 없다.
나의 성도란 없다.
나의 사람이란 없다.
오직 주님만 소유하고 그분께만 소유될 것이다.
아무도 내게로 오도록 허용하지 않을 것이며 그저 한 걸음 떨어져서 사랑할 것이다.
죽을 때까지 무소유의 자유함 속에서 살 수 있다면 얼마나 좋을까...!"

이것은 내가 교회 사역을 포기하게 되는 중요한 요인이 되었습니다.
소유하지 않고 돕기만 한다면 아무에게도 피해를 주지 않게 되겠지요
한국 교회에서 흔히 볼 수 있는 성도를 놓고 서로 아귀다툼하며 싸우는 그런 비참한 모습을 겪지 않아도 되겠지요...

누나와의 통화의 시간이 너무 황홀해서 감히 가질 수 없었던 그 시절이 그리워집니다.
요즘 사람들이 나를 너무 사랑해주고 칭찬해주고 천사와 같이 대해주기 때문에 조금 두려워져서 기억을 더듬어보았습니다.
행여 사람들을 사랑하되 조금이라도 소유하려는 의식이 생기지 않을까, 기대고 싶고, 받고 싶은 마음이 생기지 않을까... 걱정하는 마음으로 기억을 더듬어 보았습니다.

사람들은 소유하고 또 소유하려고 합니다.
사람을 얻고 물건을 얻으며
이를 위하여 물질을 탐하고 지위를 탐합니다.
신앙생활을 하면서도
별로 변화되지 않고 행복하지 않은 이유는
그들이 교회에서 무소유를 배우지 않고
집착과 욕망에 대해서 배우기 때문입니다.
그들은 욕망의 포기가 아니라
더 깊은 소망을 배우는 것이 아니라
욕망의 만족을 위하여
작정기도와 철야기도와 금식기도를 배웁니다.
그리고 그렇게 애쓰는 만큼
그들은 비참해집니다.

무소유... 그것은 행복입니다.
그 빈손, 빈 마음에
주님은 임하십니다.
그리고 그분의 임재와 사랑으로
가득하게 채우십니다.

가지려 하고 지배하려 할수록
사람들은 비참해지지만
우리가 비워지고 또 비워질 때
우리는 진정 부유해질 것입니다.

우리는 진정
자유롭게 사랑할 수 있으며
순수하게 아름답게
서로 섬길 수 있을 것입니다.
옆에 있을 때 사랑하고
떠날 때 그리워하며
함께 있었던 아름다웠던 순간들을
뇌리 속에 간직할 것입니다.

언젠가 때가 되면
우리는 사랑하는 주님의 임재 속에서
지난 시절의 아름다운 추억을 회상하며
함께 사랑하게 될 것입니다.

오해도 없고 벽도 없고
원망도 없고 분노도 없는
영원한 사랑 속에서
우리는 행복하게 살게 될 것입니다.

61. 주님을 추구하는 삶에 대하여

많은 분들이 걱정을 하셨기 때문에 최근에 있었던 여러 경험들에 대하여 조금 언급하고 싶은 마음이 들었습니다.
나는 영적인 세계의 모든 경험들을 시시콜콜 이야기하는 것이 별로 좋은 것이라고 생각하지는 않습니다.
그것은 어린 영혼들에게 걸림돌이 될 수도 있기 때문입니다.
영성의 체험이란 지나치게 우상시하는 것도 지나치게 경시하는 것도 둘 다 위험합니다.

어떤 영혼들은 신비한 체험을 아주 좋아하며 추구하지만 그러한 성향은 기질적이고 육적인 것이며 그가 원하는 것을 얻어도 그의 영혼에는 도움이 되지 않을 때가 많습니다.
반대로 어떤 영혼들은 모든 체험들을 무시하고 의심하지만 그것 역시 그들의 기질일 뿐이며 자기의 틀 속에서 주님을 제한하고 있는 것 뿐입니다.

하지만 균형을 잃지 않고 조심스럽게 받아들이면 체험이란 우리의 영적인 여정에 매우 중요한 것입니다.
실제로 주님의 경험이 없이 그분을 잘 알 수 있는 사람은 없을 것입니다.
그러므로 우리는 치우치지 않도록 주의하면서 주님을 맛보고 누려가야

할 것입니다.
우리의 영적 여정에 참고가 될 수도 있다는 마음이 들어서 저의 경험을 조금 언급을 하려고 합니다.

모든 사람들과 마찬가지로 저의 경우에 있어서도 어떤 깨달음이나 자유함, 새로운 통찰력을 얻기 위해서는 항상 고통의 지불이 있었습니다.
그것은 육체적인 고통일수도 있고 환경적인 고통일수도, 또한 보다 더 내면적인 고통일수도 있습니다.
중요한 것은 저의 경험으로 보면 영적 진급은 그러한 고통을 동반하면서 온다는 것입니다.

나는 주님을 알고 싶었습니다.
주님을 경험하고 맛보고 싶었습니다.
모태신앙이고 성경에 대한 지식을 많이 가지고 있었지만 나는 정말 만족이 없었습니다.
전도도, 교회 봉사도 열심히 했지만 나는 정말 굶주리고 배고팠습니다.
기도도 하고 금식도 하고 기도원도 가고 부흥집회는 열심히 찾아다녔지만 나는 정말 만족이 없었습니다.
유명한 교회라는 교회는 다 찾아다녔지만 나는 정말 만족이 없었습니다.

나는 나에게 어떤 영적인 도움을 줄 수 있을 것 같은 사람을 만나면 그들에게 항상 말했습니다.
주님을 더 깊이 알 수만 있다면 나는 지구상 끝까지도 가겠다고...
그러나 나의 갈망은 채워지지 않았습니다.

주님을 체험하는 것에 있어서 나는 항상 느리고 어두웠습니다.
그것은 제가 항상 따지고 분석하는 기질을 가지고 있었기 때문입니다.
정말 상상을 초월할 정도로 질문이 많았고 이런 질문에 대하여 대답하는 사람은 없었습니다. 대부분 머리를 흔들고 넌덜머리를 내곤 했지요...
아무튼 주님을 그저 받아들이고 믿는 것보다 많은 증거를 항상 요구했기 때문에 나는 주님을 경험하는 데에 많은 고통의 대가를 지불해야 했었습니다.

어떤 이들은 내가 충분히 경험하지도 않은 것을 그저 간단히 조금만 가르쳐도 실제적으로 깊이 경험하기도 했습니다.
그러면 나는 깊은 죄책과 무기력감에 빠져 들어갔지요... 이거 내가 사기치고 있는 것은 아닌가... 나는 실제로 잘 모르는데... 저들은 쉽게 경험하고... 그리고 나도 당연히 안다고 생각하겠지... 라고 하면서요...

물론 지금은 그러한 죄책에 빠지지 않습니다. 사명과 기질은 다 다르고 다 아름다운 것이기 때문입니다.
다만 나는 그러한 기질 상 고생을 많이 했고 가르쳐주는 사람이 없었기 때문에 오랜 세월을 방황했다고 할 수 있었습니다.
영성을 안다고 이름난 분들을 수없이 찾고 접촉하고 여러 질문을 퍼부으면 대부분 그들은 질문의 의미조차 잘 이해하지 못했습니다.

세상이든 영성의 세계든 실제를 모르면서도 뻥튀기와 조직화를 잘 하면 잘 나가고 뜨게 된다는 것은 같은 이치인 것 같습니다. 그러면 사람들은 그 세력과 숫자에 놀라고 다같이 임금님은 벌거벗지 않았고 멋진 옷을 입고 있다고 그렇게 말하면서 세뇌되어 가지요...

처음에 주님의 임재를 경험하게 되면 그저 평화롭고 행복한 느낌, 감미로운 느낌을 많이 얻게 됩니다.
그런데 어느 정도 지나면서 그것은 신체의 국부적인 감각까지 포함되는 것임을 알게 되었습니다.

내가 처음에 주님을 몸으로 느낀 것은 79년도 가을이었습니다.
그때는 군대의 탈영병으로 목숨을 걸고 마지막 진을 빼면서 기도했는데 7일 금식 후 주님을 경험하게 되었습니다.
방언은 그 후부터 하게 되었지요.. 물론 그때는 지식이 없어서 그것이 방언인지도 모르고 방언을 달라고 1년 정도를 더 금식하면서 기도했었습니다.

그 이후에는 강렬하게 몸에 와 닿는 경험들을 하게 되었습니다.
손이나 팔, 다리의 느낌.. 몸 전체의 갑옷이 둘러 쌓이는 느낌.. 불과 같은 뜨거운 느낌, 시원한 느낌, 압박감..등...
재미있는 것은 어느 부위가 주님의 임재를 체험하면 그 부위에 엄청난 기쁨이 느껴지는 것이었습니다.
예를 들어 팔에 주님의 기운이 느껴지면 손 부위에 어떤 황홀감이 있었습니다. 그래서 팔이 기뻐하고 행복해 하는 것을 알 수 있었고 신체의 모든 장기들이 의지와 인격을 가지고 있는 것을 알게 되었습니다.

경험 자랑을 하기 위한 것은 아니니까 간단히 넘어가지요...

이러한 형태의 경험들은 바깥의 몸의 체험이라고 여겨집니다.
그러다가 심장기도를 통하여 좀 더 내면적인 경험을 갖게 되었습니다.
그것은 심장 근처에 주어지는 달콤한 느낌이었는데 이것은 <순례자의 길> (은성 출판사 출간. 전에는 성바오로 출판사에서 "이름없는 순례자" 라는 제목으로 나왔었음)에 자세한 설명이 있습니다.

그 경험은 분명히 은사적인 것보다는 깊은 체험이었습니다.
그러나 강하지는 않았습니다.
나는 영적인 여러 직관과 경험들을 하게 되었지만 동시에 몸은 엄청나게 약해졌습니다.

나는 아주 가까운 거리도 거의 기다시피 걸어야 했습니다.
나는 자세한 영적인 지도 없이 혼자서 이것 저것을 찾고 헤맸기 때문에 영적인 여정의 위험성에 그대로 노출되어 있었습니다.

거기에는 말로 측량하기 어려운 주님의 희열이 있고 가까우심이 있습니다.
그러나 이 기도는 밖으로 흐르는 것이 아니기 때문에 바깥 사람들은 그것을 느낄 수 없습니다.
그러므로 바깥에서 보면 아주 능력도 없고 힘도 없고 무기력한 사람으로 보입니다.

나는 이 기도를 경험하면서 외적으로 많이 약해졌습니다.
성도들은 내가 능력을 상실했다고 생각했습니다.

이 기도를 중단했으면 나는 다시 외적으로 강해졌을 것입니다.
그러나 나는 그렇게 하고 싶지 않았습니다.
나는 내면의 풍성함을 맛보기 시작했지만 외적으로는 많이 약해졌습니다.
내가 외적으로 많이 약해지자 교회에 많은 영적인 공격과 도전이 있었고 나는 그 배후의 악한 영들의 움직임에 대하여 알게 되었습니다.

나는 망설였습니다.
내가 추구하는 것을 버리고 다시 강력한 영으로 악한 영의 세력을 부숴 버릴 것인가... 그러나 나는 그 길을 택하지 않았습니다. 나는 이제 새롭게 배운 것을 놓치고 싶지 않았습니다.
그때만 해도 나는 기도의 균형에 대하여 잘 몰랐고 그저 하나하나 알아가는 중이었습니다.

교회는 침체되었고 많은 이들이 떠났습니다. 그들은 이제 배울 것은 다 배웠고 더 이상 먹을게 없다고 하면서 떠났습니다.
사실 처음부터 별로 배울 것은 없었지요. 오직 주님만이 우리의 스승이 되실 뿐입니다.

신체의 연약함과 공격을 나는 한동안 버티어 냈습니다.
나는 거의 미칠 뻔 했으며 죽음이 코 앞에 보였습니다.
죽음의 영이 나에게 같이 가자고 이끄는 것이 너무나 선명하게 보였고 나는 거의 따라갈 뻔 했습니다. 악한 귀신의 세력은 너무 강하고 분명하게 다가왔고 나의 영은 그들의 엄청난 흡인력에 빨려 들어가는 것같이 느껴졌습니다. 나는 그 전투에 너무 지쳐있었고 그것은 실제였으며 장난이 아니었습니다.

아내는 내가 폐인이 될 거라고 생각했습니다.
아내는 내가 정신병원에 감금되고 자기가 창살을 가운데 두고 면회하는 장면을 수없이 떠올렸다고 합니다.

바깥의 기도를 버리고 내면의 기도, 영의 기도에만 몰두한 나머지 육은 약해지고 영의 활동이 많아져 영감이 극도로 예민해졌고 한 때는 천국이, 한 때는 지옥이 선명하게 다가왔습니다.
너무나 아름다운 영계와 또한 극심한 말로 표현할 수 없는 공포가 다가왔습니다.

사람들은 지옥을 그저 뜨거운 불못이라고 생각합니다.
그러나 한마디로 한다면 그것은 미칠 것 같은 공포입니다.
그것은 숨을 쉴 수도 없는 공포입니다. 1분, 1초도 견딜 수 없는 공포입니다. 그것은 살아있는 자체가 저주이며 공포입니다.

나는 밤이 그렇게 두렵고 공포스러운 것인지를 처음 알았습니다.
내가 주를 만나기 전에 자살도 기도했었고 항상 죽음을 생각할 정도로 비참한 삶을 살았었지만 이러한 영적 전쟁에 비하면 그러한 일들은 그저 배부른 장난에 불과했습니다.
어떤 사람들은 "아, 지옥에 가면 될 거 아냐!" 하고 말합니다.
그러나 그들은 자기가 말하는 것이 무엇인지 알지 못합니다.

그들은 단 1초도 견딜 수 없으며 극도의 공포에 사로잡혀서 자기가 낼 수 있는 가장 비참하고 애처로운 소리로 비명을 지르려해도 그 목소리조차 나오지 않는 것입니다.

나는 밤새 꼬박 깨어있었고 아내는 움직이지 못하는 나의 옆에 앉아서 성경을 읽어주었습니다.
나는 아내가 읽어주는 성경을 들으며 하염없는 눈물을 흘렸습니다. 영이 몹시 예민해져서 지옥의 영들과 사투를 벌이고 있는 중에 옆에서 읽어주는 성경말씀의 권능과 힘은 이루 말로 표현할 수 조차 없었습니다.

나는 그때 너무 발작을 일으켜서 전화벨 소리만 들어도 소스라쳤기 때문에 아내는 모든 소음을 일으키는 것을 다 없앴습니다.
전화소리, 시계의 초침 소리, 모두 너무나 크게 들려서 나는 거의 까무라칠 지경이었습니다.
상황을 모르는 사람들은 나를 찾아오려고도 했는데 나는 누가 온다는 이야기만 들어도 몇 바퀴를 구르면서 발작을 일으켰습니다.

나는 주님을 이를 악물고 붙들고 있었습니다.
새로운 세계를 알기 위해서 가는 여정에 생기는 위험과 전쟁들... 성도들은 그들이 악한 영들의 도구가 된 것을 알 리가 만무했습니다.
나는 자주 정신을 잃고 발작을 일으켰습니다.

어느 날 밤 나는 문득 정신이 들었습니다.
정신을 차려보니 밤은 깊었고 나는 정신 없이 흥분상태에서 주먹으로 침대며 이것 저것을 마구 내려치고 있었습니다.
옆에서 아내가 울면서 여보, 제발 정신차리라고 말하고 있는 것이 보였습니다. 그리고 그녀가 주님께 제발 남편을 지켜달라고 울면서 부르짖고 있는 것이 눈에 들어왔습니다.
아내의 기도덕분일까요... 나는 정신이 돌아왔습니다.
그리고 퍼뜩 그런 느낌이 들어왔습니다.
정신차리자. 지금 정신을 차리지 않으면 나는 끝이다...
그 이후로 나는 회복되기 시작했습니다.

시간이 흐르고 나는 회복되었지만 주님이 몹시 원망스러웠습니다.
그리고 내가 그토록 힘들 때 주님은 어디로 가셨는지에 대하여 몹시 서운했습니다.
그러나 나는 이후에 알게 되었습니다.
영적인 세계를 여행하고 사람들을 돕기 위해서는 그 정도의 전쟁정도는 통과해야 하며 주님께서 그 모든 순간에 옆에 계셨고 나를 지키고 계셨음을 말입니다.

나는 지금 혹시나 누군가 나를 위로하려고 할까봐 걱정됩니다. 나의 의도는 개인 체험의 우상화와 정형화가 아닙니다. 그것이야말로 주님이 가장 싫어하시는 것입니다.
다만 영적 세계의 전쟁의 실상에 대한 경고, 그리고 주님을 추구하는 과정에서 주어지는 대가를 지불하는 것에 대하여 마음의 준비를 시켜두고 싶은 것입니다.
주님은 세상에서 가장 아름다우신 분이며 그분을 알기 위해서는 대가의 지불을 각오해야 한다는 것을 말입니다.
무엇이든 공짜는 없으며 본인이 지불할 준비가 되어있는 만큼만 그는 주님을 가까이 경험할 수 있습니다.

어떤 이가 말로 표현할 수 없을 만큼 주님의 영광과 거룩함을 경험했다면 그것이 그가 그저 기분이 좋으라고 주님이 허락하실 리가 없다는 것을 기억하십시오.
그 영광을 맛본 스데반은 돌로 맞아 죽었으며 그 영광의 주님을 경험한 바울도 엄청난 고난과 역경을 체험하고 수고했으며 그 영광을 경험한 모세도 일생동안 도전과 어려움에 직면했으며 그 영광을 경험했던 귀용은 감옥에서 죽었으며 그 영광을 맛보았던 썬다싱은 수 없는 고문과 순교의 위험을 겪었습니다.

그러므로 별로 준비되지 않은 평범한 영혼에게 그저 육신과 환경에 어려움을 겪고 싶지 않고 무난하고 평탄하게 살고 싶은 영혼에게 주님은 깊은 기름을 붓지 않으시며 가까이 임하시지 않고 외적인 평탄함을 주시지만 동시에 그의 영혼은 깊이 자랄 수 없으며 남에게 생명을 공급하는 도구로 쓰여지지는 못하는 것입니다.

사람들은 주님의 십자가를 전합니다.
물론 그것도 복음이며 생명입니다.
그러나 그 주님의 십자가에 자기 십자가가 연합되지 않으면 그것은 깊은 생명이 아니며 초보적인 구원에서 머물러 있게 됩니다.
그것은 가나안이 아니며 부끄러운 구원입니다.

애굽은 주님의 십자가, 광야는 자기 십자가이며 이 두개의 십자가의 연합이 가나안으로서 생명적인 삶, 생명적인 사역인 것입니다.

심장기도를 배우기전에 몸의 기도를 할 때도 영계에 대한 인식과 경험이 있었고 성도들이 천국을 경험할 수 있도록 기도해주고 이끌기도 했었습니다. 그러나 분명히 이 기도의 세계는 다른 차원이었습니다.

몸의 기도, 바깥의 체험은 쉽게 눈에 띄고 사람들은 그 권능의 흐름에 대하여 쉽게 느낍니다.
그러나 심장기도, 내면의 기도는 테크닉이 아니며 쉽게 배우고 전수될 수 있는 것이 아닙니다. 그것은 죽음과 헌신, 십자가의 분량만큼 맛볼 수 있는 것입니다.

사람들은 쉽게 어떤 능력과 즐거움을 얻기 원하며 자신의 능력 앞에서 사람들이 거꾸러지는 것을 보고싶어합니다.
그러나 그들은 주님을 경험하는 것들이 어떤 대가의 지불을 요구하는 지에 대해서는 거의 알지 못하고 준비도 되어있지 않습니다.

내면의 기도일수록 준비된 영혼들은 그 흐름을 전이받을 수 있고 그 내부의 고요한 흐름을 느끼지만 준비가 되지 않은 영들은 아무런 것도 받을 수 없습니다.
그저 한심하고 답답하고 무력하게 보일 뿐입니다. 외부적인 은사와 권능은 누구나 쉽게 받지만 내부와 심장의 경험은 그가 통과한 십자가의 분량 이상은 경험할 수 없습니다.

십자가의 통과 - 라고 말을 하는 것은 많은 이들이 어려움을 겪지만 이를 통과하는 이들은 많지 않기 때문입니다.
광야에서 이스라엘 백성은 많은 어려움을 겪었지만 원망하다가 다 죽었습니다. 그것은 통과가 아닙니다.
많은 이들이 그런 식으로 고통들을 붙잡고 있을 뿐이며 그것을 흡수함으로 생명의 역사를 경험하지 못합니다.

이제 몸의 세계와 심장의 세계에 대하여 조금 눈이 뜨여졌기 때문에 나는 이제 몇 십년 동안 헤매었던 영성의 체계에 대하여 체계를 잡을 수 있게 되었습니다.
그 이후로는 사람들이 어떤 복잡한 질문을 해도 그 원리와 배경과 의문에 대하여 대충 설명할 수 있는 내용이 떠올랐습니다.
성경의 전체적인 흐름과 우주 안의 주님의 운행하시는 원리들에 대하여 자연히 알아지게 되었습니다.

최근의 경험은 그러한 나의 틀과 패러다임에 다소의 수정을 요구하게 되었습니다. 좀 더 넓은 시각으로 보완할 수 있는 세계가 보여졌던 것입니다.
이것은 몸의 경험도 아니고 심장의 경험도 아닌 뇌의 경험이었습니다.
이것은 다른 차원의 시작이었습니다.

전에도 머리가 열리는 듯한 경험들을 더러 하기도 하고 성도들에게 뇌를 여는 훈련을 가르치기도 했지만 최근에 집중적으로 그러한 경험들이

왔던 것입니다.

머리에 집채만한 바위가 누르는 경험이 반복되었습니다.
누워있어도 설명하기 힘들 정도로 어지러웠습니다. 마치 1초에 수 백 바퀴가 도는 것 같았습니다.
그것은 깨어지는 아픔이었지만 조금 시간이 지나면 머리 속에서 말로 형용할 수 없는 엑스타시, 황홀감이 전신으로 퍼졌습니다.
그리고는 다시 몇 시간의 고통, 그 후에는 다시 황홀경…
억지로 일어나면 기쁨은 멈추었고 다시 누우면 황홀경이 계속 되었습니다. 마치 머리 안에서 꿀물이 흐르는 것 같았습니다.

자세한 이야기를 할 수는 없습니다.
다만 이제 새로운 영역을 또 이해하고 정리해야 할 필요성이 생기게 된 것 뿐입니다. 내가 정리한 영의 세계와 틀에 대하여 조금 보완할 것이 생겼으니까요…

어떤 이들은 어떤 체험을 하면 그만이지 그것에 무슨 의미부여를 하고 정리를 하는 가에 대하여 의아하실 지 모릅니다.
그러나 내게는 그렇지 않습니다.
그것은 나의 사명과 방향이 달려있는 것이니까요…
사람의 인체는 바로 영계와 연결되어 있으며 인체의 각 부분과 영계의 구조와의 관계는 성경을 보는 눈, 역사의 해석, 우주를 구성하는 원리, 하나님의 섭리, 예를 들자면 서신서에 임하는 기름부음의 종류에 대한 해석, 율법서에 관련된 천사들과 기름부음에 이르기까지… 너무나 세밀

하게 관련이 되어있기 때문입니다.

성경의 모든 부분이 천국의 어떤 부분과 연결이 되어 있으며 인체와 연관이 되어 있다는 것... 이러한 일들은 아직 이 시대의 영계에서는 비밀입니다. 그러나 영계에서는 당연한 일이지요...
하지만 자세한 이야기는 할 필요가 없겠지요... 다만 연관이 있다는 것만을 밝힐 뿐입니다.

카오스 이론은 많이 알려져 있지요... 저도 잘 모르지만.. 이른바 "나비효과" 라는 것... 북경의 나비 한 마리의 움직임이 지구의 반대편에서는 폭풍우를 일으킬 수도 있으며 겉보기에는 아무 의미 없고 무질서해 보이는 것도 다 의미와 조화 속에서 움직여진다는 것... 영적인 세계도 이와 마찬가지입니다.

우리가 사소하게 생각하는 많은 것들 안에 영적인 세계, 진리, 우리의 미래와 삶의 의미에 대한 많은 상징과 복선이 깔려 있으며 우리의 영이 발달될수록 그러한 부분에 대한 통찰력과 감각들이 증가되어 가는 것입니다.

이스라엘 왕 요아스는 엘리사가 준 화살로 아무 생각 없이 땅을 세 번 쳤습니다. 그는 그것이 이스라엘과 아람의 운명과 상관이 있다고는 상상도 못하였을 것입니다.
물론 그의 영적 수준으로는 화살이 아닌 다른 시험을 쳤어도 비슷하게 실패를 했을 것입니다.

한 예를 들어볼까요...

사람들은 자신들의 방에 있는 가구들의 위치와 배열... 그리고 그것이 자신의 영혼에 끼치는 영향력과 의미와 상징에 대하여 알지 못할 것입니다.

자기 방안에 있는 어떤 하나의 물건... 그것이 자기의 영과 미래에 어떤 영향을 미치는지.. 모를 것입니다.

왜 자기가 어떤 취향을 즐기는지.. 그리고 그것이 어떠한 영들을 잡아당기는지... 등에 대해서 모를 것입니다.

사소한 일상의 버릇... 말투... 일어나는 일들... 그것이 어떻게 영과 운명과 관련이 있는지 모를 것입니다.

왜 요아스는 화살을 세 번만 쳤을까요? 그것은 그의 영이 그렇게 형성되어 있기 때문입니다.

이러한 이야기는 그러한 부분에 대하여 세세하고 시시콜콜 신경을 쓰고 알려고 애써야 한다는 것을 말하는 것은 아닙니다.

알려고 해봐야 알 수 있는 것도 아니지요.

또한 대부분의 많은 지식들은 사람들의 영적 성장에 그리 도움이 되는 것도 아닙니다.

그저 본질적인 몇 가지만 알아도 충분합니다.

다만 이러한 이야기는 우리가 사소하게 지나치는 일상의 많은 부분들이 어떤 질서와 체계와 원리에 의해서 움직여지며 아주 작은 것들도 사명과 의미를 가지고 있다는 것을 나누려고 하는 것입니다.

조금 복잡한 이야기인지도 모릅니다.

다만 우리에게 주어지는 모든 시련과 고통과 체험들은 다 주님의 허락 속에서 주어지며 그것은 우리의 영성 발전에 귀한 밑거름이 된다는 것을 나누고 싶어서입니다.
그러므로 우리는 어떤 어려움이 있을 때 단순히 고통을 없애달라고 하기보다는 잘 배울 수 있도록 해달라고 주님께 간구해야 합니다.

이제 머리의 고통은 거의 없어졌습니다.
하지만 동시에 뇌 속에 임했던 그 희열도 거의 없어졌기 때문에 조금 서운하기도 합니다.
그러나 그 희열이 계속 유지된다면 아마 나를 포함해서 누구든지 사회 생활을 하기가 어려울 것입니다.
그런 상태에서는 기도 외에는 아무 것도 하고 싶지 않기 때문이지요...

그 과정에서 많은 새로운 것을 배우게 되었고 주님의 음성을 듣게 되었습니다.
자신에 대하여, 사람에 대하여, 주님께 대하여... 새로운 많은 통찰력을 얻게 되었지요...

만일 더 배울 수 있다면,
더 주님을 알 수 있다면,
나는 더 큰 고통도 견딜 수 있을 것 같습니다.
왜냐하면 그것은 정말 비교가 안되기 때문입니다.
우리가 겪는 어려움과 주님이 주시는 위로, 가까움...
그것은 정말 비교가 안되기 때문입니다.

그 때문에 어린 영혼들은 주님께 기도하기를
제발 이 고통을 가져가 주시라고 탄원하지만
조금 영혼이 자라게 되면
모든 것을 주님의 손에 맡기며
그저 행복하고 자유롭게 되는 것입니다.

조금 지나친 이야기가 되지 않았는지 모르겠습니다.
다만 모든 것을 주님께 맡기고 감사하며 그분만을 의지하라는 메시지만을 기억해 두십시오

그분은 좋으신 분입니다.
그분은 모든 것을 아십니다.
그리고 그분을 의지하는 삶은
가장 안전한 삶입니다.

그리고...
한마디만 더...

주님을 추구하는 삶은
가장 황홀하고 행복한 삶입니다.

주님이 가까워질수록
그는 이 세상에서
그 누구도

부럽지 않습니다.
그것은 정말
놀라운 삶입니다.

그 어떤 바보도
온 세상의 보화를 준다고 해도
그가 맛본 주님과
바꾸지 않을 것입니다.
그 어떤 바보도
결코 결코
바꾸지 않을 것입니다.
그분은 정말 놀라우신 분이기 때문입니다.

2001. 6. 23

도서구입신청

도서 구입을 원하시는 분들을 위한 안내입니다.

1. 도서 목록 확인

페이지를 넘기시면 정원 목사님의 도서 전권이 안내되어있습니다.
도서 목록을 참조하셔서 필요로 하시는 책을 선택하십시오.
각 도서의 자세한 목차와 내용을 원하시면 정원목사 독자 모임 카페의 [저자 및 저서소개] 코너를 참조하십시오. (http://cafe.daum.net/garden500)

2. 책신청

구입하실 도서를 결정하신 후에, 영성의 숲 출판사로 전화를 주세요.
(02-355-7526 / 010-9176-7526. 통화시간: 월~금 오전 9시~저녁 7시)
신청 도서 목록을 알려주시면 입금하실 금액을 안내해 드립니다.
신청하실 때는 책을 받으실 주소와 전화번호를 함께 알려주세요.
책신청은 전화 외에도 영성의 숲 홈페이지의 [책신청] 코너,
출판사 이메일(spiritforest@hanmail.net)을 사용하실 수 있습니다.

3. 송금

안내 받으신 도서 대금을 아래 계좌로 입금해 주세요.
(국민은행: 461901-01-019724, 우체국: 013649-02-049367, 예금주: 이혜경)
신청자 성함과 입금자 성함이 일치하지 않는 경우에는 입금자 성함을
꼭 알려주셔야 확인이 가능합니다.

4. 배송

입금 확인 후에 바로 발송 작업을 하는데, 발송후 도착까지 보통 2-3일 정도가 소요 됩니다. 책을 급하게 필요로 하실 경우에는 일반 서점을 이용해 주세요. 해외 배송을 원하시는 분은 총판을 담당하고 있는 생명의 말씀사로 문의해주시기 바랍니다. (생명의 말씀사 080-022-1211 www.lifebook.co.kr)

<기도 시리즈>

1. 하늘의 권능이 임하는 부르짖는 기도 1
영성의 숲 373쪽. 13,000원 / 핸디북 10,000원
부르짖는 기도는 모든 기도의 형태 중에서 가장 기본적이고 중요한 기도입니다. 이 기도를 바르게 배우고 적용한다면 하늘의 권능이 임하는 것을 경험하게 되며 모든 면에서 강건한 그리스도인이 될수 있을 것입니다.

2. 하늘의 권능이 임하는 부르짖는 기도 2
영성의 숲. 444쪽. 15,000원 / 핸디북 11,000원
부르짖는 기도 1권은 발성의 의미, 능력과 부르짖는 기도의 전체적인 원리를 다루 었으며 2권은 부르짖는 기도의 실제로서 구체적인 기도의 방법과 적용원리를 다루고 있습니다. 3부에 수록된 다양한 승리의 간증은 독자님들에게 좋은 도전이 될 것입니다.

3.4. 대적기도의 원리와 능력/ 대적기도의 적용 원리
영성의 숲. 400쪽. 14,000원 / 424쪽. 14,000원
핸디북 각 11,000원
대적기도 시리즈 1편과 2편. 대적기도는 주님께 간구하는 기도가 아니며 우리에게 주어진 권세와 능력을 발견하고 사용하여 능력과 승리를 경험하는 기도입니다. 이 기도를 알게 될 때 당신의 삶은 진정 달라지게 될 것입니다. 핸디북은 휴대를 위한 작은 사이즈 입니다.

5.6. 대적기도를 통한 승리의 삶 / 대적기도의 근본적인 승리비결
영성의 숲. 452쪽. 15,000원 / 454쪽. 15,000원
핸디북 각 12,000원
대적기도 시리즈 3편과 4편 완결편. 3편에서는 대적기도를 인간관계, 가정에서의 삶, 복음 전도와 사역에 구체적으로 적용하는 방법을 제시하였고, 4편에서는 악한 영들을 근본적으로 완전하게 제압하고 승리할 수 있는 원리와 비결을 제시하고 있습니다.

7.아름답고 행복한 기도의 세계
영성의 숲. 276쪽. 9,000원
〈기도업데이트〉의 개정판. 자연스럽고 편안하게 기도의 아름다움과 행복에 잠길 수 있도록 돕는 책입니다. 기다리는 기도, 듣는 기도, 안식하는 기도 등 다양하고 풍성한 기도의 원리들을 일상의 예화들을 통하여 쉽게 정리하였습니다.

8.주님의 마음에 이르는 기도
영성의 숲. 309쪽. 10,000원
기도의 원리와 방법에 대한 200개의 조언을 담았습니다. 주님의 마음을 향하여 가는 것. 그것이 기도의 방향이며 목적임을 보여주는 책입니다.

9.주님의 임재를 경험하는 길
영성의 숲. 308쪽. 10,000원
〈주님을 경험하는 100가지 방법〉의 개정판. 주님의 살아계심과 임재를 경험하기 위한 100가지의 실제적인 방법을 제시하고 있습니다. 사모하는 마음으로 이 방법들을 시도한다면 누구나 쉽게 그분의 역사를 경험하게 될 것입니다.

10. 예수 호흡기도
영성의 숲. 460쪽. 15,000원 / 핸디북 11,000원
호흡을 통한 기도가 주님의 임재와 영적 실제에 들어가는 중요한 비밀이며 열쇠임을 보여주는 책입니다. 이 책에 제시된 원리와 방법을 충실히 시도해 본다면 누구나 놀라운 변화를 경험하게 될 것입니다.

11. 방언기도의 은혜와 능력 1
영성의 숲 459쪽. 16,000원 / 핸디북12,000원
방언기도 시리즈 1편. 방언에 대한 성경적이고 균형잡힌 설명 뿐 아니라, 저자의 개인적인 경험과 간증, 방언을 받는 과정과 통역을 시도하는 과정에 대한 구체적인 설명, 여러 경험자들의 실례가 풍성하게 실려있어, 방언의 은혜에 대해 이해하고 적용하는 데에 실제적인 도움을 주는 책입니다.

12. 방언기도의 은혜와 능력 2
영성의 숲 403쪽. 14,000원 / 핸디북 11,000원
방언기도 2편에서는 방언과 통역이 발전해 나가는 과정과 그 영적인 의미를 깊이있게 다루었습니다. 방언의 가치와 의미를 바르게 이해하고 적용하게 될 때, 오래 동안 방언을 사용하면서도 주님의 은총을 누리지 못하던 이들이 주님의 가까우심과 아름다우심을 풍성히 경험하게 될 것입니다.

13. 방언기도의 은혜와 능력 3
영성의 숲 489쪽. 16,000원 / 핸디북12,000원
방언 기도 시리즈의 결론적인 부분을 다룬 책입니다. 방언에 대한 부정적인 견해와 원인들, 방언을 통해 어떻게 부흥이 시작되는지, 은사의 바른 방향과 의미, 목적 등을 정리하였고, 전체적인 요약정리와 함께 경험자들의 구체적인 사례들을 첨부하여 실제적인 적용에 도움이 되도록 하였습니다.

<영성 시리즈>

1. 영성의 실제를 경험하는 길
영성의 숲. 357쪽. 12,000원
〈그리스도인의 아름다운 영성〉의 개정판.
많은 은혜의 도구들이 있지만 그것들이 다 주님을 접촉하는 것은 아닙니다. 참다운 영성과 주님을 경험하는 원리를 제시하는 책입니다.

2. 생각의 자유를 경험하는 길
영성의 숲. 228쪽. 8,000원
〈그리스도인의 생각 다스리기〉의 개정판. 우리가 겪는 삶의 대부분의 고통들은 스스로 만들어낸 생각의 감옥에 지나지 않으며 생각을 분별하고 관리함으로써 풍성하고 행복한 삶을 살 수 있다는 메시지를 다양한 예화와 함께 설득력 있게 제시하고 있습니다. 많은 교회에서 훈련 교재로 사용되기도 했습니다.

3. 영성의 중심은 사랑입니다
영성의 숲. 243쪽. 8,000원
하나님의 은혜를 받아들이고 누림으로써 진정한 사랑과 따뜻함의 세계를 경험할 수 있도록 돕는 책. 신앙의 따뜻함과 아름다움을 회복하고, 영혼들을 이해하고 도울 수 있는 관점을 제시하고 있습니다.

4. 영성의 원리
영성의 숲. 319쪽. 11,000원
영성에도 원리가 있습니다. 이 책은 영성의 발전을 위한 다양한 원리들, 영의 흐름, 영의 인식, 영적 승리를 위한 중보 등의 원리를 실제적인 예와 함께 잘 설명해 줍니다. 영적 부흥과 충만함을 사모하는 이들에게 좋은 참고서가 될 수 있을 것입니다.

5. 문제는 주님의 음성입니다
영성의 숲. 227쪽. 9,000원
우리의 삶에 다가오는 여러가지 어려움들, 문제들은 우연이 아닙니다. 거기에는 주님의 배려와 가르치심이 있으며 반드시 우리가 배워야 할 것이 있습니다. 이 책은 그 문제들에서 주님의 뜻과 음성을 발견하는 원리를 가르쳐 주고 있습니다.

6. 영성의 발전은 어떻게 이루어지는가
영성의 숲. 254쪽. 8,000원
〈영성의 상담〉의 증보 개정판. 영성에 대한 여러 질문과 답변을 통해 다양한 영적현상의 의미와 삶 속에서 영적 성장을 이루는 구체적인 방법들을 소개하고 있습니다.

7. 지금 이 공간에 임하시는 주님
영성의 숲. 340쪽. 12,000원
주님은 믿을수 없을만큼 가까이 계시지만 사람들은 흔히 그분을 무시함으로 그의 임재를 소멸시킵니다. 이책은 그분의 가까우심과 구체적인 공간을 통한 임재, 나타나심을 경험할수 있도록 실제적인 지침을 제시하고 있습니다.

8. 심령이 약한 자의 승리하는 삶
영성의 숲. 228쪽. 9,000원
영혼의 힘이 약하고 마음이 여리고 민감하여 고통을 겪고 있는 이들을 위한 책. 영혼의 원리 및 기질과 사명을 이해함으로써 이전에 알지 못했던 자유와 해방과 놀라운 행복감을 누리게 될 것입니다.

9. 천국의 중심원리
영성의 숲. 452쪽. 14,000원
천국은 사후에만 갈 수 있는 장소가 아닙니다. 이 땅에 살면서 천국의 임재, 그 천국의 빛과 영광을 경험할 수 있습니다. 이 책에서는 내면세계의 천국을 경험하기 위한 길과 원리를 제시해 주고 있습니다.

10. 행복한 신앙을 위한 28가지 조언
영성의 숲. 348쪽. 12,000원
〈자유롭고 행복한 그리스도인 1〉의 개정판. 묶여 있고 창백한 의식의 틀을 벗어나, 자유롭고 풍성한 믿음의 삶으로 나아가도록 돕는 책입니다. 28가지 조언속에 행복한 신앙을 위한 영적 원리들을 담고 있습니다.

11. 성숙한 신앙을 위한 30가지 조언
영성의 숲. 340쪽. 12,000원
〈자유롭고 행복한 그리스도인2〉의 개정판. 의식이 바뀔 때 천국의 자유와 기쁨을 누릴 수 있음을 보여주는 책입니다. 묶여있는 사고와 습관, 잘못된 의식에서 해방되는 원리를 제시해 주고 있습니다.

12. 의식의 깨어남을 사모하라
영성의 숲. 239쪽. 9,000원
잠과 꿈과 깨어남의 실체를 보여주며 진정한 깨어있음의 세계로 인도하는 책입니다.
의식과 영혼을 깨우기 위한 방법과 원리들을 제시해 주고 있습니다.

13. 주님의 마음, 주님의 임재 속으로
영성의 숲. 348쪽. 12,000원
오늘날 주님의 마음에 대한 많은 오해가 있어서 주님의 깊으신 임재에 들어가지 못합니다. 이 책은 그 오해를 풀어주며 우리를 향한 주님의 사랑을 보여주고 그 사랑의 임재 속에 들어가는 길을 안내해주고 있습니다.

14. 영성의 발전을 갈망하라
영성의 숲. 292쪽. 10,000원
영성의 진리 시리즈 1편. 영성을 깨우고 발전시킬 수 있는 다양한 이야기, 원리, 법칙들을 묶은 36가지의 메시지가 수록되어 있습니다. 영혼의 각성에 도움이 되는 지식과 도전을 얻게될 것입니다.

15. 집회에서 흐르는 주님의 은혜
영성의 숲. 254쪽. 8,000원
이미 출간되었던 [집회 가운데 임하시는 주님]을 새롭게 개정하였습니다. 회원들의 간증을 줄이고 더 많은 분량을 추가하였습니다. 집회 가운데 나타나는 주님의 생생한 역사와 이에 관련된 여러 영적 원리를 기술하였습니다. 읽을수록 집회 현장에 있는 듯한 감동과 은혜를 얻을 수 있을 것입니다. 은혜를 사모하는 이들, 영성 사역에 관심이 있는 사역자들에게 좋은 참고가 될 것입니다.

16. 삶을 변화시키는 생명의 원리
영성의 숲. 348쪽. 값 12,000원
삶 속에서 열매를 맺을 수 있는 비결과 원리를 시편 1편의 말씀과 요한복음 15장의 말씀을 중심으로 제시하고 있습니다. 포도나무이신 주님과 가지로서 항상 연결되는 삶이 열매를 맺는 원리이며 은총의 비결인 것을 명쾌한 논지로 설명하고 있습니다. 신앙의 기초와 방향을 분명히 밝히는 책으로서 풍성한 삶과 승리하는 삶을 갈망하는 그리스도인들에게 귀한 도전이 될 것입니다.

17. 낮아짐의 은혜1
영성의 숲. 308쪽. 값 11,000원
쉽게 하나님의 임재를 경험하며 그 은혜 가운데 머무르는 사람이 있습니다. 그 은총의 비밀은 무엇일까요? 그것은 바로 낮아짐이며 이를 통하여 주의 무한한 은혜와 천국의 풍성함을 누릴 수 있음을 본서는 증명합니다. 사람을 파괴하는 높아짐의 시작과 타락, 은혜의 회복, 열매의 풍성함 등을 다루고 있으며 누구나 그 은혜의 세계에 쉽게 이르도록 길을 제시하고 있습니다.

18. 낮아짐의 은혜 2
영성의 숲. 388쪽. 값 14,000원
낮아짐은 감추어진 비밀이며 천국의 문을 여는 보화입니다. 마귀는 낮아짐을 빼앗을 때 그 영혼을 사로잡을 수 있으므로 온갖 유혹으로 이 보화를 가로챕니다. 하나님은 천국의 풍성함을 주시기 위하여 낮아짐을 훈련하시며 인도하십니다. 2권은 적용을 주로 다루며 구체적으로 풍성한 은총을 누릴 수 있도록 권면하고 있습니다.

19. 그리스도를 갈망하는 삶
영성의 숲. 268쪽. 값 10,000원
부흥과 영적 깨어남, 영성의 다양한 원리에 대한 이야기. 삶 속의 이야기와 함께 자연스럽게 풀어서 정리하였습니다. 일상의 사소한 삶에서 영적 원리를 발견하고 적용하도록 도우며 그리스도에 대한 갈망이 증가되도록 도전하고 있습니다.

20. 영이 깨어날수록 천국을 누린다
영성의 숲. 236쪽. 값 8,000원
독자들과 일대일로 마주 앉아서 대화를 하듯이 영적 성장과 풍성한 삶을 누리는 원리에 대해서 메시지를 전달하고 있습니다. 사랑하는 삶, 영성의 깨어남에 대한 새로운 통찰력을 제공해주며 기쁨으로 주님을 따르는 길을 제시해줍니다.

<생활 영성 시리즈>

1. 주님과 차 한잔을
영성의 숲. 220쪽. 6,000원
신앙의 귀한 진리들, 주님을 사모하고 가까이 나아가는데 도움이 되는 원리들을 유머를 통해 밝고 즐겁게 전달해주는 책입니다. 주님과 같이 차를 한잔 마시는 기분으로 부담없이 읽다보면 자연스럽게 영적 통찰을 얻을 수 있을 것입니다.

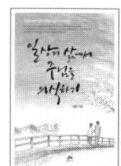
2. 일상의 삶에서 주님을 의식하기
영성의 숲. 280쪽. 8,000원
일상의 사소한 삶 속에서 주님을 의식하며 살아가는 이야기. 신앙과 영성은 기도할 때만이 아니라 일상의 모든 삶 속에서 나타나야 한다. 작고 사소한 모든 일에서 주님을 의식하는 것이 진정한 행복의 원리인 것을 이 책은 보여주고 있습니다.

3. 일상에서 경험하는 주님의 사랑
영성의 숲. 277쪽. 8,000원
일상의 묵상 시리즈 2편. 사소한 일상의 삶에서 주님의 임재와 사랑을 느끼고 주님의 메시지를 경험하는 이야기. 항상 모든 것에서 주님의 마음과 시선으로 삶과 사람을 보고 느껴야 하며 이를 통해서 날마다 천국을 경험할 수 있음을 사소한 삶의 이야기를 통하여 부드럽게 전달해주고 있습니다.

4. 삶이 가르치는 지혜
영성의 숲. 212쪽. 6,000원
〈아직 기회가 있을 때 사랑한다고 말하라〉의 개정판. 우리의 삶에서 경험하는 많은 즐거운 일, 힘든 일들이 결국 우리 영혼의 성장을 위하여 주어진 일임을 보여줍니다. 가슴을 따뜻하게 하는 소박한 이야기들을 통해서 사랑의 중요성을 다시 한번 깨닫게 합니다.

5. 사랑의 나라로 가는 여행
영성의 숲. 156쪽. 5,000원
〈사랑의 나라〉의 개정판. 어른들을 위한 우화로서 한 청년이 여행을 통하여 삶의 목적과 방향을 깨달아 가는 과정이 흥미진진하게 전개되고 있습니다. 즐겁게 이야기를 읽어나가다보면 영적 성장의 방향과 중심, 영적 세계의 에너지와 원리, 흐름을 이해하는데 도움이 될 것입니다.

6. 하나님의 뜻을 발견해 가는 여행
영성의 숲. 269쪽. 신국판 변형 8,000원
성경에 등장하는 입다, 다윗, 암논의 삶과 사건들을 통하여 하나님의 아버지 마음과 하나님의 의도와 훈련을 이해하고 발견하도록 안내하는 책입니다. 등장인물들의 마음과 정서가 드라마처럼 녹아있어 흥미와 감동을 전달해줍니다.

7. 일상에서 경험하는 주님의 은혜
영성의 숲. 253쪽. 값 8,000원
일상시리즈 3편입니다.
가족 이야기, 모임 이야기, 일상에서 경험하는 여러 가지 일들을 통해서 영적 원리와 교훈을 정리하였습니다.
일기와 이야기 형식으로 기록되어 있어서 즐겁게 읽는 가운데 주님과 같이 걷는 삶의 흐름 속으로 들어갈 수 있게 될 것입니다.

<묵상 시리즈>

1. 맑고 깊은 영성의 세계를 향하여
영성의 숲. 140쪽. 5,000원.
잠언시리즈 1편. 내 영혼의 잠언1을 판형을 바꾸어 새롭게 만들었습니다. 순결하고 맑은 영혼으로 성장하기 위한 진리의 묵상들이 간결하게 정리되어 있습니다.

2. 주님은 생수의 근원 입니다
영성의 숲. 196쪽. 6,000원
〈내 영혼의 잠언2〉의 개정판. 맑고 투명한 영성의 세계로 안내하는 영성 잠언집. 새벽녘의 신선하고 향긋한 바람처럼 우리 영혼을 달콤하게 채워주는 묵상의 글들을 모아서 정리했습니다.

3. 묻지 않는 자에게 해답을 던지지 말라
영성의 숲. 156쪽. 5,000원
삶과 사랑과 영혼의 진리를 담은 잠언 시집.
인생의 의미와 진리, 영성의 발전과정을 예리하면서도 부드러운 시각으로 표현하고 있습니다. 불신자에 대한 전도용으로도 좋은 책입니다.

4. 영혼을 깨우는 지혜의 샘물
영성의 숲. 180쪽. 6,000원
〈영적 성숙으로 향하는 여행〉의 개정판
인생, 진리, 마음, 영성 등 중요한 8가지의 주제에 대한 짧은 묵상을 담았습니다. 맑은 샘물이 흐르듯이 간결한 지혜의 메시지가 영성을 일깨워주는 책입니다.

일상의 삶에서 주님을 의식하기

1판 1쇄 발행 2002년 7월 10일
1판 5쇄 발행 2018년 1월 20일
지은이   정원
펴낸이   이 혜경
펴낸곳   영성의 숲
등록번호   2001. 7. 19 제 8-341 호
전화   02 - 355 - 7526 (영성의숲)
핸드폰   010 - 9176 - 7526 (영성의숲)
E - mail   spiritforest@hanmail.net (영성의숲)
홈페이지   cafe.daum.net/garden500 (정원목사 독자 모임)
            cafe.naver.com/garden500 (정원목사 독자 모임)

국민은행   461901 - 01 - 019724
우체국   013649 - 02 - 049367
예금주   이 혜경

총판   생명의 말씀사
전화   02 - 3159 - 8211
팩스   080 - 022 - 8585,6

값 8,000원
ISBN 89 - 90200 - 02 -4 03230